組織アイデンティフィケーションの研究
A Study of Organizational Identification

小玉一樹
Kazuki Kodama

ふくろう出版

はじめに

　私がカウンセラーとして企業の従業員の相談業務を行っていたころの話である。ある日、従業員からの相談に応じるため、指定された店舗に早めに到着してしまった私は、初めて訪れるその店舗の従業員休憩室でコーヒーを飲みながら時間まで暫しの休息をとっていた。そんな時に、その休憩室にいたのが40代の女性であった。彼女は普段のままで書類を見ながら何やらチェックをしていた。互いに挨拶を交わしたあと、何となく会話が始まり、その人がその店舗でパートタイマーとして働いているＡさんだということがわかった。

　「今日は何時からお仕事ですか」と、私が訊ねると、

　「実は、私今日はお休みなのですよ」と彼女は答えた。

　「休みの日まで仕事しているのですか？　すごいですね。でも、お休みの日はちゃんと休んだ方がいいですよ」と私は伝えた。

　すると、彼女はこんなことを語り始めた。

　「そうなのですよ、休みなのですからね、ちゃんと休めば良いのですよね・・・。今日も主人を送り出してから子供を学校に送って、家事を少しだけやって。でも、殆ど放ったらかしにしたままここに来てしまいました(笑)」

　さらに、彼女は続けた。

　「でもね、仕事のことが気になってしまうのですよ。今日は若い人が中心のシフトだから、部門のリーダーの私としては、気になってしょうがないのですよ。それに、今日やっておけば明日が楽になることがあるし・・・。大丈夫です、すぐに帰りますから」笑みを浮かべながら、彼女はそう答えた。

　「Ａさんはパートタイマーなのですから、そういうことは店長や副店長とか他の人にお願いしても大丈夫じゃないですか」と私が言うと、会話は少しの間途切れてしまった。

　少しの沈黙の後、彼女はこんなことを語った。

　「私ね、この仕事が好きなのです。だから、全然苦にならないのです。それに、この会社のことが好きなのです。ほかの会社を探せば、もっと時給の

i

高いところがあることだって知っていますよ。でもね、私の友達や主婦仲間もこの会社で働けていいねと言ってくれるし、この会社で働いていることは私の自慢の一つでもあるのですよ。だから、かっこよく言うと、ここで働いていることは私の誇りなのです」と満面の笑みを浮かべながら言うと、Ａさんは売り場の担当者と打合せがあるのでと言って、休憩室から去って行った。

　我が国では、雇用形態の多様化が進み、非正規労働者の割合が全労働者の4割を占めるようになった。また、働く人たちの仕事や会社に対する意識も次第に変化しているといわれている。しかし、組織目標達成のために、組織の一員として働く従業員の重要さは今も昔も変わらない。Ａさんのような思いを持ったパートタイマーがその会社で働いていることが、当時の私には衝撃だった。実は、この何気ない数分間のＡさんとの会話が、個人と組織のつながりである帰属意識研究のきっかけであった。その後、Ａさんの会話にあった「会社の評判」「私の自慢」「私の誇り」という言葉を帰属意識研究のキーワードとして研究は始められた。これらのキーワードは、これまでの帰属意識研究で用いられてきた概念である組織コミットメントとは異質な感情であると思われた。つまり、集団成員であることから得られる肯定的な自尊感情を維持するためにポジティブな行動をとるのではないか。そのような疑問から、社会的アイデンティティ理論をアプローチ方法とした組織アイデンティフィケーションに関する研究が始められた。

　本書は、そのような現場で得られた問題を取り上げ、インタビュー調査や統計的な分析などを用いることにより学術的に解明しようとしたものである。しかし、問題は身近であるため、企業の人事を担当されている方々にもお読みいただけると幸いである。

2017年2月

小玉一樹

組織アイデンティフィケーションの研究

目　次

はじめに

序　章　本書の目的と概要 ……………………………………… *1*

1．変化している従業員意識 _____ *1*

2．帰属意識をどのように捉えるのか _____ *2*

3．組織アイデンティフィケーションの課題 _____ *4*

　　1）組織アイデンティフィケーションとは、従業員の組織に対するどのよ

　　　うな心理状態を表しているのか ………………………………… *4*

　　2）組織アイデンティフィケーションは何によって引き起こされ、何に影

　　　響を及ぼすのか ……………………………………………………… *5*

　　3）組織アイデンティフィケーションに影響を与える要因と組織アイデ

　　　ンティフィケーションが及ぼす影響は、組織内の多様化する従業員に成

　　　立するプロセスなのか ……………………………………………… *6*

4．本書における立場 _____ *7*

5．本書の構成 _____ *7*

第1章　帰属意識の捉え方
　　　　　－先行研究のレビューと課題の抽出－ ………………… *11*

1．1　本章の目的 _____ *11*

1．2　組織コミットメントとは何か _____ *13*

　　1）組織コミットメントの3つの要素 ………………………………… *13*

　　2）わが国における多次元概念としての組織コミットメント ……… *15*

　　3）組織コミットメントはどのように測定されているのか ………… *16*

　　4）組織コミットメントが従業員行動に及ぼす影響 ……………… *17*

　　5）組織コミットメントの問題点 …………………………………… *20*

1．3　社会的アイデンティティ理論アプローチによる帰属意識の

　　　捉え方 _____ *21*

iv

1）アイデンティフィケーションとは何か *22*

2）社会的アイデンティティ理論アプローチ *22*

1．4　組織アイデンティフィケーション研究の概要 　　　　 *27*

1）萌芽期の組織アイデンティフィケーション研究 *27*

2）社会的アイデンティティ理論アプローチによる組織アイデンティフ

ィケーション研究の概要 *30*

1．5　組織アイデンティフィケーションと関連する変数 　　 *35*

1）組織アイデンティフィケーションと職務満足感の関係 *36*

2）組織アイデンティフィケーションと離転職意向の関係 *38*

3）組織アイデンティフィケーションと役割外行動の関係 *38*

1．6　組織アイデンティフィケーションと組織コミットメントの

理論的相違 　　　　　　　　　　　　　 *39*

1．7　帰属意識研究の課題 　　　　　　　　 *41*

第2章　従業員は組織をどのように捉えているのか
　　　　－組織アイデンティフィケーションのプロセス－ …… *46*

2．1　はじめに 　　　　　　　　　　　 *46*

2．2　本章のリサーチクエスチョン 　　　　　　 *47*

2．3　研究の方法 　　　　　　　　　　　 *49*

1）質的研究のデザイン *49*

2）インタビュー調査の対象者 *50*

3）インタビューの調査内容 *52*

4）質的データの分析方法 *53*

2．4　インタビューデータの分析結果 　　　　 *54*

1）組織の肯定的なイメージ *54*

2）成員としての自己意識 *58*

3）組織価値の内在化 *60*

2．5　各カテゴリーとサブカテゴリー間の関係性 _____ 63

1）組織の肯定的なイメージ 63

2）成員としての自己意識 65

3）組織価値の内在化 65

4）本書の研究枠組みの導出 66

第3章　組織アイデンティフィケーション尺度の開発と信頼性・妥当性の検討 68

3．1　尺度開発の必要性 _____ 68

3．2　尺度開発のための仮説設定 _____ 70

1）職務満足感との関係性仮説 70

2）離転職意向との関係性仮説 71

3）ジョブ・インボルブメントとの関係性仮説 71

3．3　尺度開発のための調査の概要 _____ 73

1）調査手続き 73

2）使用した質問項目 73

3）組織アイデンティフィケーション尺度開発における分析方法 74

3．4　分析の結果 _____ 75

1）組織アイデンティフィケーション尺度の因子構造と信頼性 75

2）組織アイデンティフィケーションと外的変数の関係 76

3．5　考察 _____ 83

1）組織アイデンティフィケーション尺度の信頼性 83

2）組織アイデンティフィケーション尺度開発の仮説検証 84

3．6　まとめ _____ 86

第4章 組織アイデンティフィケーションと組織コミットメントは何がどのように違うのか
―両概念の弁別性の検討― ……………………………… *88*

4．1 本章の目的 _____ *88*

4．2 組織アイデンティフィケーションと組織コミットメントの概念比較 _____ *89*

1）組織コミットメント、組織アイデンティフィケーションの理論の特徴 ……………………………… *89*

2）組織コミットメントと組織アイデンティフィケーションの相違点 …. *90*

4．3 他の概念との関係性に関する仮説の設定 _____ *91*

1）職務満足感との関係性仮説 ………………………………… *92*

2）離転職意向との関係性仮説 ………………………………… *94*

3）パフォーマンスとの関係性仮説 …………………………… *95*

4．4 調査の方法 _____ *98*

1）調査対象者 ………………………………………………… *98*

2）本章で用いられた質問項目 ………………………………… *99*

3）方法 ………………………………………………………… *102*

4．5 分析の結果 _____ *102*

1）組織アイデンティフィケーションおよび組織コミットメントと諸変数との相関 ……………………………………………… *102*

2）組織アイデンティフィケーションと組織コミットメントを独立変数とした重回帰分析の結果 ……………………………… *103*

4．6 仮説検証と考察 _____ *106*

4．7 まとめ _____ *110*

第5章 組織アイデンティフィケーションの先行要因の検討 *112*

5．1 本章の目的 _____ *112*

vii

5．2　先行研究のレビュー _____ *113*

5．3　調査の概要と分析の方法 _____ *115*

　1）対象者および調査時期 *115*

　2）分析方法 *115*

5．4　第1分析　組織の肯定的なイメージに関する検討 _____ *115*

　1）第1分析に用いた質問項目 *115*

　2）因子分析の結果 *116*

5．5　第2分析　組織アイデンティフィケーションの重回帰分析 *117*

　1）第2分析に用いた質問項目 *117*

　2）重回帰分析の結果 *120*

5．6　考察 _____ *123*

5．7　まとめ _____ *125*

第6章　組織アイデンティフィケーションの先行要因と結果
　　　－複数企業のデータを用いたモデルの検証－ ………… *127*

6．1　はじめに _____ *127*

6．2　課題の設定 _____ *128*

　1）組織の独自性と組織アイデンティフィケーションの関係 *128*

　2）組織アイデンティフィケーションと文脈的パフォーマンスとの関係 *129*

　3）組織の独自性と組織アイデンティフィケーションおよび文脈的パフォー

　　マンスの関係 *130*

　4）雇用形態の相違による比較 *130*

6．3　調査の概要と分析の方法 _____ *132*

　1）調査対象者 *132*

　2）調査内容 *132*

　3）分析方法 *134*

6．4　結果 _____ *136*

viii

１）測定項目の記述統計 *136*

２）コモン・メソッド・バリアンスの有無の確認 *138*

３）組織の独自性－組織アイデンティフィケーション－文脈的パフォー

マンスモデル分析結果 *138*

４）雇用形態別の組織の独自性、組織アイデンティフィケーション、文脈

的パフォーマンスモデルの比較結果 *141*

６．５ 考察 _____ *143*

６．６ まとめ _____ *146*

終　章　結論と含意 *147*

１．要約と結論 _____ *147*

１）"自己認知"と"価値内在化"によって構成される組織アイデンティ

フィケーション *152*

２）組織アイデンティフィケーションと組織コミットメントは相違した

概念であること *153*

３）雇用形態が相違しても、組織アイデンティフィケーションモデルが成

立すること *154*

２．本書の理論的貢献 _____ *156*

１）組織行動論への貢献 *156*

２）組織アイデンティフィケーション研究への貢献 *157*

３．本書の実践的インプリケーション _____ *158*

４．今後の研究課題 _____ *161*

引用文献 _____ *163*

謝辞 _____ *175*

ix

序章
本書の目的と概要

1. 変化している従業員意識

　日本企業の従業員と会社の関係が揺らいでいる。平成 19 年度版国民生活白書（内閣府, 2007）では、わが国は、従来「会社人間」という言葉に象徴されるように、職場とのつながりが強い社会であったが、経済・社会環境の変化や個人の意識変化によって、職場とのつながりが変貌していることが指摘されている。さらに白書では、その原因として単に労働時間や勤続年数が短くなっているということだけでなく、従業員が職場に所属していることを肯定的に捉える意識、すなわち会社に対する帰属意識が「元々ない」や「薄れた」というようなネガティブな意識が高まっていることが示されている。また、そうした帰属意識の低下とともに、従業員の職場に対する貢献意識も変化している。60 歳代以上の従業員では、会社に尽くそうという気持ちは72.9%にも達しているが、20 歳代の従業員では 21.8%にとどまっていることが、同白書では報告されている。

　これまでわが国企業の従業員は自らが所属する会社のために、良かれと思うことは自分の職務以外のことも進んで取組んできた（田尾, 1998）。こうした背景には、わが国の企業独自の年功序列慣行や終身雇用制などが長期的な意味での報酬となっていたといえるだろう。わが国の多くの企業は、いわゆるバブル経済崩壊後のグローバル経済や 2008 年秋に端を発した世界的な金融危機、わが国の少子高齢化・人口減少などの影響など、先行きの見えない世界経済や国内消費の中で生き残りをかけ、様々な戦略を模索している。こうした環境下で、真っ先に取り上げられたのが人件費であったことは容易に推測できる。これまで日本的経営の特徴といわれていた年功序列型賃金や終身雇用なども見直され、日本型雇用慣行が変容し、労働者が一つの会社で一

生を過ごすという考えも次第に薄れつつある。

　このような変化の中で、業務の繁閑に合わせた人員管理を行うためにパートタイマーや派遣労働者などの非正規労働者の雇用が拡大するなど、雇用の多様化も進んでいる。厚生労働省(2015)の平成 26 年就業形態の多様化に関する総合実態調査によれば、非正規労働者が全労働者に占める割合は年々増加し、今ではその割合は 4 割を超えており、非正規労働者は組織経営に欠かせない労働力となっている。しかし、長期的な雇用が見込まれないことや正規労働者と比較して賃金にも差があるなど、非正規労働者は正規労働者とは会社や仕事に対する考え方には違いがあると推測される。

　以上のような現状からは、わが国の労働者の愛社精神や会社への忠誠心といった、個人と組織の関係が次第に希薄になりつつあることがうかがえる。しかし、このような時代であったとしても、組織の価値観を内在化し組織目標のために行動する従業員の存在は組織にとっては欠かすことはできない。むしろ、こうした時代であるからこそ、個人と組織との関係を議論することの意義があるといえる。本書では、こうしたわが国の現状を踏まえ、改めて個人と組織の関係について検討するものである。

2．帰属意識をどのように捉えるのか

　これまで、個人の組織に対する帰属意識に関する研究には、主に組織コミットメントという概念が用いられてきた。組織コミットメントはその概念についての研究だけでなく、それらに基づいた実証研究も蓄積された成熟した研究であり、研究者のみならず、実務家からも注目されてきた。主に社会的交換理論に基づいた組織コミットメントは、組織が提供する仕事の楽しさや処遇などが原因となって、従業員の組織に対する関与が高まり、組織にとって望ましい従業員の職務態度や職務行動に結びつくと考えられてきた。すなわち、組織コミットメントにおける組織と個人の関係は互恵性を基に、組織に重点を置いた経営管理的なアプローチによって、組織の業績や効率性の影響要因として議論されてきた。それらの考え方では、人は組織によってマネ

ジメントされる存在として扱われ、個人が組織をどのように認知しているかという主体的な意味合いには関心がもたれてこなかった。しかし、近年の経済状況の変化によって、労働者はこれまでのような右肩上がりの賃金上昇は期待できないばかりか、長期的な意味での報酬となっていた年功序列慣行や終身雇用制も期待できなくなっている。また、成果主義の導入や個人の意識変化とともに、上司と部下などの職場の人間関係も次第に変化している。このような個人と組織の互恵関係が成立しにくい環境において、個人と組織の関係に関する研究は、個人が自己と自己を取り巻いている環境をどのように認知しているかという視点からの検討が必要である。

　本書では、個人と組織の関係を表す概念として、同一視（Identification）に着目している。組織における同一視に関する研究では、Simon, Smithburg, & Thompson (1950)が、「個々のメンバーがグループによって受け入れられている価値を自らのものとし、それによってグループが各自の『自己』の延長線上に位置づけられること」と定義するなど、古くから自己に着目した同一視という考え方そのものは提示されていた。しかしながら、同一視は組織コミットメントの下位に含まれる要因であると考えられるなど、同一視という概念そのものの研究はそれほど活発に議論されてこなかった。

　本書では、社会心理学において検討されてきた社会的アイデンティティ理論をアプローチ方法として、個人の組織に対する帰属意識を再検討する。社会心理学では、さまざまな現象や事象の原因や要因を自己認知に求めており、自己は個人の行動や考えを規定するだけでなく、集団や組織、国家や社会といった大きな対象までを規定していると考えられている。それらの自己に関する研究の中でも、画期的な理論といわれているのが社会的アイデンティティ理論であるといわれている。この理論は、1939 年から 1945 年までドイツに捕虜としてとらわれていたポーランド系ユダヤ人である Tajfel によって創始された(Tajfel,1981)。「ユダヤ人はアングロサクソン人ではなく、ユダヤ人だからユダヤ人なのだ」という Tajfel の経験的な視点が社会的アイデンティティ理論の本質であるとされ（佐藤・山田，2007），複数の集団の間に生じる集団間競争や差別の解明を中心的課題として、これまでのさまざまな領域の

研究を再定義し、統合的に明らかにしている。社会的アイデンティティ理論では、人は何らかの基準で"われわれ"と"彼ら"という単純な分類によって、集団の一員としての社会的アイデンティティが意識され、集団間差別を引き起こすとされる（Hogg & Abrams, 1988）。すなわち、自己の中に集団が顕在化することで、個人と集団の関係は深まるという考え方が根底にある。

　この社会的アイデンティティ理論を組織文脈に採り入れた概念が、近年欧州を中心に議論が活発化している組織アイデンティフィケーション（Organizational Identification）である。本書では、この組織アイデンティフィケーションの構造を明らかにし、その規定因と組織アイデンティフィケーションが及ぼす影響について検討することを目的としている。本書は、成熟した組織コミットメント研究に対して、組織への同一視という古くて新しい研究課題に取組むことによって、帰属意識研究に新たな視点を加えることを狙っている。

3．組織アイデンティフィケーションの課題

　これまで帰属意識研究に多用されてきた社会的交換理論アプローチによる組織コミットメント研究と社会的アイデンティティ理論アプローチによる組織アイデンティフィケーション研究の考え方の違いは、個人と組織の関係性を検討する上で、何が個人と組織の関係を強固にしていくのか、また組織コミットメントと組織アイデンティフィケーションという2つの概念が何に影響を及ぼすのかは相違していると考えられる。これらの問題意識に基づいて、本書が明らかにしたい課題は以下の3つである。

1）組織アイデンティフィケーションとは、従業員の組織に対するどのような心理状態を表しているのか

　社会的交換理論に基づいた組織コミットメント研究では、個人と組織を対極に位置づけ、いわば互恵関係を基に検討されてきた。そのため、仕事そのものや処遇、職場の人間関係など、さまざまな事象がコミットメントに影響

序章　本書の目的と概要

を与えていた。一方、社会心理学では自己の側面から集団を規定しようとしている。本書では、従業員が自己概念の中に組織をどのように位置づけ、どのように関わろうとしているのかを検討することで、組織アイデンティフィケーションという心理状態を明らかにすることができると考えている。先行研究では、研究者によって組織アイデンティフィケーションという概念に相違がみられ、それらを測定するための尺度にも違いが生じているという報告もなされている。組織アイデンティフィケーションとは従業員の組織に対するどのような心理状態を表しているのかという課題を明確にすることは、組織アイデンティフィケーションを測定する尺度や他変数との関係性を検討する上でも大きな貢献が可能であると考えられる。

２）組織アイデンティフィケーションは何によって引き起こされ、何に影響を及ぼすのか

　前述のとおり、従業員と組織との関係を表す帰属意識は、組織コミットメントという概念を用い、個人と組織の関係性と組織を辞めるか留まるかという社会的交換理論に基づいて検討されてきた（Mowday, Steers, & Porter, 1979; Meyer & Allen, 1991; Matheiu & Zajac, 1990 など）。それらの研究結果では、組織従業員の組織に対する高いコミットメントが、組織従業員のパフォーマンスや満足度にポジティブな影響を与えるとされてきた。

　社会的アイデンティティ理論をアプローチ方法とした組織アイデンティフィケーション研究においても、従業員の組織アイデンティフィケーションが高まることによって、組織に留まりたいという気持ちが高まり、組織内の他者との協力を惜しまず、選択が必要な場面において組織目標に基づいた意思決定を下すなど、組織にとって望ましい行動に結びつくことが指摘されており（Ashforth & Mael, 1989; van Dick, 2001; Riketta, 2005; Edwards, 2005 など）、組織コミットメントと同様に個人の組織に対する帰属意識を表す概念として有効であると考えられる。

　近年の組織アイデンティフィケーション研究のアプローチ方法の一つである社会的アイデンティティ理論は、個人と集団の関係を自己の側面から検

討している概念である。帰属意識を表す2つのアプローチ方法の相違した概念である組織アイデンティフィケーションと組織コミットメントでは、それらの規定因や従業員の態度や行動に及ぼす影響には違いがあると考えられる。本書では、組織コミットメントと組織アイデンティフィケーションの2つの概念の規定因と、それらが他の変数に及ぼす影響の違いを明らかにし、組織アイデンティフィケーションの特徴を明らかにしたい。

3）組織アイデンティフィケーションに影響を与える要因と組織アイデンティフィケーションが及ぼす影響は、組織内の多様化する従業員に成立するプロセスなのか

　わが国では、雇用の多様化が進行している。前述のとおり、非正規労働者の数は全労働者のおよそ4割を占める大きな労働力である。こうした状況にもかかわらず、これらの非正規労働者の心理的側面に関する研究は多いとはいえない。これらの数少ない非正規労働者の帰属意識研究では、正規労働者と非正規労働者とでは、どちらの組織コミットメントが高いかというような、両者の比較という研究方法がとられてきた。しかし、先にも述べたとおり、社会的アイデンティティ理論の根底にあるのは"われわれ"と"彼ら"というような単純なカテゴリー化による集団間差別である。このことは、同じ組織の従業員であれば、雇用形態が違っていたとしても同じような態度や行動をとる傾向があるということなのであろうか。本書では、この課題について複数の企業従業員のデータに基づいて実証的な研究を通じて明らかにしたい。

　以上の3つの課題に対して、社会的アイデンティティ理論アプローチによる組織アイデンティフィケーション研究の蓄積は、組織コミットメント研究と比較して決して多いとはいえないものの、本書の課題に対して断片的な知識を提供してくれる。しかし、本書の課題のすべてを網羅するものではない。以上の理由から、本書では社会的アイデンティティ理論アプローチによる組織アイデンティフィケーションについて、これまでの研究を概観すると共に、より現実に即したデータに基づいて定性的研究および定量的研究によって検討するものである。

4．本書における立場

　本書は、社会心理学で検討されてきた社会的アイデンティティ理論をアプローチ方法とした組織行動論に関わる研究であり、学術的な色合いの濃いものである。しかしながら、調査対象は正社員だけでなく非正規労働者を取り上げており、ダイバーシティ・マネジメントの観点からも、企業の経営者や人事担当者など実務家にも有益な示唆を与えることができると考えている。

　本書は、個人の組織に対する帰属意識研究ということでは、これまで実証的に検討が繰り返されてきた組織コミットメント研究と問題意識を共有しているが、以下の点で立場が異なっている。まず、自己概念の中の組織という視点、すなわち、社会心理学の分野で検討されてきた社会的アイデンティティ理論をアプローチ方法として、個人と組織の関係を自己の側面から検討していることである。前述のとおり、これまで帰属意識研究は、社会的交換理論をアプローチ方法とした組織コミットメントという概念によって検討されてきた。つまり、組織コミットメント研究では個人と組織とを対極に位置づけた両者の関係を検討してきたのに対し、本書では、個人の中に組織をどのように位置づけているかという、自己の中の組織という視点から、個人と組織の関係を捉えていこうとしている。

　つぎに、本書は企業の従業員の実態を写すような研究を目指していることである。もちろん、この研究が社会で起こっているすべてのことを説明できるとは考えていない。しかし、本書の課題は働く人々と組織との間に生じる身近なテーマであることから、企業の従業員の実態を反映させる研究であるべきだと考えている。このような考えから、本書では現場で得られたインタビューデータを基にした定性的研究によって、質の高い理論展開を目指すとともに、そこから得られた仮説を定量的研究によって解明しようとしている。

5．本書の構成

　本論文の構成は図序1に示すとおり、本章に続く第1章では、先行研究の

レビューと課題が設定される。第1章の前半では、これまで帰属意識研究で多用されてきた組織コミットメントの代表的な研究とそれらの問題点が指摘される。そして、後半部分では、これまでの組織アイデンティフィケーションに関する研究のレビューが行われる。組織アイデンティフィケーションに関する研究のレビューでは、まず、萌芽期の組織アイデンティフィケーション研究、つづいて、近年、欧米を中心に議論が活発化している社会的アイデンティティ理論アプローチによる組織アイデンティフィケーションの先行研究について検討され、その理論的背景や理論の有効性が議論される。そして、最後に、これまでの組織アイデンティフィケーション研究の課題が浮き彫りにされる。

つづく第2章では、企業の従業員へのインタビューデータに基づいた質的研究方法によって、組織アイデンティフィケーションとはどのような心理状態なのか、またどのような要因によって生起するのかについて本書の研究モデルの導出が行われ、定量的研究の手がかりが作られる。

第3章では、前章で得られたインタビューデータと先行研究に基づいて組織アイデンティフィケーション尺度が開発され、その尺度の信頼性と妥当性の検討が行なわれる。

つづく第4章と第5章では、前章までの議論を基に組織アイデンティフィケーション先行要因と組織アイデンティフィケーションがもたらす結果が明らかにされる。まず、第4章では、組織アイデンティフィケーションと、その類似性が指摘される組織コミットメントとは、何がどのように相違しているのかが定量的研究によって詳細に検討され、組織アイデンティフィケーションがどのような要因に影響を及ぼすのかなど、組織アイデンティフィケーションの特徴が議論される。第5章では、個人を取り巻く組織環境の中で、組織アイデンティフィケーションの獲得に影響を及ぼす要因が職務満足感や組織コミットメントとの比較をすることによって議論される。

第6章では、組織アイデンティフィケーションの先行要因および組織アイデンティフィケーションが他の変数に及ぼす影響をモデル化し、15社の従業員サンプルデータによって検討される。組織アイデンティフィケーションに

序章　本書の目的と概要

フェーズ1　先行研究のレビューと問題の設定

序章　本書の目的と概要

第1章　帰属意識の捉え方

　　　　- 先行研究のレビューと課題の抽出 -

フェーズ2　仮説モデルの導出

第2章　従業員は組織をどのように捉えているのか

　　　　- 組織アイデンティフィケーションのプロセス-

フェーズ3　仮説検証

第3章　組織アイデンティフィケーション尺度の開発と信頼性・妥当性の検討

第4章
組織アイデンティフィケーションと組織コミットメントは何がどのように違うのか
- 両概念の弁別性の検討 -

第5章
組織アイデンティフィケーションの先行要因の検討

第6章　組織アイデンティフィケーションの先行要因と結果

　　　　- 複数企業のデータを用いたモデルの検証 -

フェーズ4　結論と含意

終章　結論と含意

図　序-1　本書の構成

9

関する仮説モデルの有効性が雇用形態別に検証され、組織アイデンティフィケーションの先行要因と組織アイデンティフィケーションが及ぼす効果についての理論モデルの一般化について議論される。

　本書の結論としての終章では、実証研究部分の発見事実を中心に本書の主張を整理する。そして、本書の結論が果たす理論的含意および、実践的含意が述べられ、最後に、今後の課題が示される。

第1章
帰属意識の捉え方
－先行研究のレビューと課題の抽出－

1．1　本章の目的

　個人の組織に対する帰属意識は、主に組織コミットメントという概念を用いて検討されてきた。組織コミットメントは、個人と組織の関係を議論するために用いられてきた概念であり、研究分野は主に社会学と社会心理学の影響を強く受けている。組織コミットメントを用いることによって、個人の性質や文化的な影響を受けることなく、個人の組織への関与を測定でき、忠誠心や帰属意識などの心理的な側面を含めて包括的に考察ができるとされる（西脇, 1998）。その意味から、組織コミットメントは個人の組織に対する帰属意識を容易に測定することができ、研究者のみならず実務家からも注目されてきた。

　これまで、組織コミットメントについては数多くの研究が行われ、数多くの研究成果も蓄積されている。それら先行研究の成果がほぼ一致して示唆していることは、従業員の組織コミットメントを高めることが、組織にとっての肯定的な結果に結びつくということである。Aranya, Kushnir, & Valency (1986) は、組織コミットメントを組織経営の問題として重視しなければならない理由について以下のとおり指摘している。まず、組織へのコミットメントが高い従業員は、コミットメントが低い従業員に比べて高いパフォーマンスを示すことである。なぜなら、組織コミットメントは従業員のパフォーマンスとの関係性が高く、組織のパフォーマンスにも影響を及ぼす要因であると考えられているからである。つぎに、組織コミットメントは、職務満足感などの仕事に関する他の変数よりも従業員の離転職などの職務態度や職務行動を予測することに適していることである。なぜなら、個人が組織を辞め

るかどうかは、職務満足感よりも組織への関与との関係が深いと考えられているからである。最後に、組織コミットメントは組織の効率性を表す指標として有効であるとされることである。組織へのコミットメントが高い従業員は自らの役割を越えた行動をとるとされる。コミットメントが高い従業員のこうした行動は、組織全体の人件費の低下をもたらし、生産性の向上だけでなく利益率においても組織にとって肯定的な結果をもたらすと考えられているからである。これらの理由から、研究者や企業の人事担当者だけでなく現場の管理者にとっても、いかに従業員の組織コミットメントを高め、それを組織の成果にいかに結びつけるかということが重要なテーマであるとされてきた。

　一方、社会心理学の知見を援用した社会的アイデンティティ理論アプローチによる組織アイデンティフィケーションも、従業員の組織に対する帰属意識を表す概念として、近年、欧米を中心に議論が活発化している（たとえば、Haslam, 2004; Hogg & Terry, 2000; Ouwerkerk, Ellemers, & de Gilder, 1999; van Knippenberg, 2000; van Knippenberg & van Schie, 2000 など）。社会的アイデンティティ理論アプローチによる組織アイデンティフィケーション研究では、従業員の組織アイデンティフィケーションが高まることで、組織に留まりたいという気持ちが高まり、組織内の他者との協力を惜しまず、選択が必要な場面において組織目標に基づいた意思決定を下すなど、組織にとって望ましい行動に結びつくことが指摘されており、組織アイデンティフィケーションは個人の組織に対する帰属意識を検討する上で有益な概念であると考えられている。van Dick(2001)によれば、社会的アイデンティティ理論アプローチによる組織アイデンティフィケーションの研究が注目される理由は大きく２つあるとされる。まず、アプローチ方法の異なった次元の概念をひとまとめにした複合的な概念である組織コミットメントよりも組織アイデンティフィケーションの方が、その概念の構成要素や規定因が理論的であることである。つぎに、自己概念に着目した組織アイデンティフィケーションの方が、組織の状況変化などの影響を受けにくく、個人と組織の本質的な関係を表すことに適しているからである。

第1章　帰属意識の捉え方　－先行研究のレビューと課題の抽出－

　本章では、これまで帰属意識研究に多用されてきた組織コミットメントと組織アイデンティフィケーションについてのこれまでの研究を概観し、それぞれの研究について以下の課題を明確にすることを目的としている。

（1）　帰属意識研究に多用されてきた組織コミットメントの理論と先行研究を要約し問題点を指摘する。
（2）　社会的アイデンティティ理論アプローチとはどのようなアプローチ方法なのかを整理し、組織アイデンティフィケーションに関する先行研究の問題点を指摘する。
（3）　組織アイデンティフィケーションとの重複性が指摘される組織コミットメントとの理論的な相違点を明確にする。

1．2　組織コミットメントとは何か

1）組織コミットメントの3つの要素

　初期のコミットメント研究に求められていたのは、動機づけ研究を基礎とした職務満足感に対する代替性であったとされる（Porter, Steers, Mowday, & Boulian, 1974; Shore & Martin, 1989 など）。動機づけとは、ある目的の達成のために必要な行動や心の働きを引き起こし、持続させる一連の心理プロセスのことである。Cohen（1990）は動機づけを、人を行動に向かわせるものと定義している。職務満足感の研究は、これらの動機づけ研究を基に離職や無断欠勤などの原因を発見し、その対策を立てることを目的として始められた。このような背景から、組織コミットメントは動機づけ研究としての側面があり、従業員が組織に留まるか否かというような結果変数との関係が深い概念である。

　組織コミットメント研究は個人行動の説明変数として、情緒的な側面と功利的な側面という2つの側面によって把握しようとしてきた。そして、初期の組織コミットメント研究は、アプローチ方法の相違した功利的な側面と情緒的な側面の2つの側面を対比させ、個人行動を説明する手段としてどちら

13

が有効であるかに関心が寄せられた。この2つの側面からコミットメントを把握するという発想は、その後も脈々と受け継がれている。しかし、近年では、組織コミットメントをさらに多次元で捉えようとする研究もみられる(たとえば、Meyer & Allen, 1991)。それらの研究において、組織コミットメントの下位概念として取り上げられるものは以下の3つの要素である。

(1) 情緒的コミットメント

　組織に愛着があるから組織の一員として居続けたい(want to)とすれば非常にわかりやすい。すなわち、情緒的コミットメントとは組織に対する感情的なつながりに基づいて検討されてきた考え方である。個人が組織で活動し続けるのは、組織に対して愛着を感じ、組織価値を内在化することで、組織目標のために努力を払うからであると考えられ、組織に対する関与の強さであると考えられている(Mowday *et al.*, 1979; Meyer & Allen, 1991; 関本・花田, 1985; 高木・石田・益田, 1997)。

(2) 存続的コミットメント

　存続的コミットメントは、組織が自分の求めているものを与えてくれる限りは、組織に留まり続けようとする、すなわち、組織に留まる必要があるから(need to)、留まるというのが功利的な側面の考え方である。こうした考え方は、side-bet 理論 (Becker, 1960) を基礎としており、side-bet 理論は以降のコミットメント研究に多大な影響を及ぼした。Becker (1960) は、従業員が組織に所属し続けるという行動の継続を説明する概念としてコミットメントを取り上げ、それを交換的なアプローチで説明しようとした。side-betとは、ある行為を通じて周囲に構築される別の行為の集合である。たとえば、従業員が組織で働き続けるのは、組織を通じて築き上げてきた社会的信用や地位などが、離職に対して大きすぎる代償となっているからだという考えである。このように、組織コミットメントの功利的な側面は、組織との交換関係を通じて形成された side-bet を守ろうとすることにある。すなわち、組織コミットメントの功利的な側面が注目しているのは、報酬を手に入れるとい

う積極的な理由ではなく、組織との交換関係を通じて形成蓄積されたside-bet を守るという消極的な理由によって生じるコミットメントである。

たとえば、コスト知覚に基づいた功利的な側面である存続的コミットメントは（Meyer & Allen, 1991; 関本・花田, 1985; 高木・石田・益田, 1997 など）、パフォーマンスとの間に負の相関が認められており、ネガティブな帰属意識であるとされる（Meyer, Paunonen, Gellatly, Goffin, & Jackson, 1989）。以上より、功利的なコミットメントは、組織に留まろうという現状維持のための動機づけにはなり得るが、自発的に職務を遂行するといった積極的な動機づけには結びつきにくいといえる。

(3) 規範的コミットメント

規範的コミットメントとは、組織に残るべきだという義務感であり、理屈はどうあれ組織にコミットすべきである（ought to）ということを意味している。しかし、Meyer & Allen (1991) などが見いだしている規範的コミットメントについては、情緒的コミットメントとの相関が高く、両者を弁別することができないなどの批判もある。規範的コミットメントは、功利的な側面や情緒的な側面とは相違した社会的規範に基づいた要因であると考えられており、他の要因と比較して研究が進んでいるわけではない。

２）わが国における多次元概念としての組織コミットメント

わが国においても、組織コミットメントを多次元で捉えようとする研究がみられる。なかでも、関本・花田（1985）は、Porter *et al.* (1974) の尺度を基に尺度開発し、1）組織の目標・規範・価値の内在化、2）組織のために働きたいという積極的意欲、3）組織に留まりたいという残留意欲、4）組織から得るものがある限り組織に帰属するという4要素を見いだしている。これらの4要因のうち1）2）3）は情緒的要素、4）は功利的要素であると考えられている。しかしながら、関本・花田（1985）が見いだした4要素のうち、情緒的要素と考えられている3要素は、組織の目標・規範・価値の内在化したことが原因となって、積極的意欲や残留意向という結果に結びつくと

いう、原因と結果が1つの要素に含まれるという批判もある。

　また、高木・石田・益田（1997）は、組織コミットメントをいかに把握するかという視点から研究を行い、1）愛着要素、2）内在化要素、3）規範的要素、4）存続的要素の4要素を見いだしている。この4要素は、1）2）は情緒的要素、3）は日本独特の文化背景を伴った規範的要素、4）は功利的要素であるとしている。しかし、高木ほか（1997）が情緒的要素としている組織価値との一致である内在化要素と、組織への情緒的な繋がりである愛着的要素は、次元の異なる要素を情緒的要素として同一次元としていると考えられる。つまり、組織価値との一致とは職場の人間関係が良好なのか険悪なのか関係なく、組織価値と個人が一致する状態であるのに対し、組織への愛着とは組織価値と一致しているか否かに関わらず、職場での人間関係の良さによって組織に対する好意を持っている状態であるともいえる。つまり、高木ほか（1997）が情緒的要素と主張する愛着要素と内在化要素は、組織の何に対してコミットするのかという点で性格の異なるものであるといえる。

　これらのわが国の組織コミットメント研究においても、功利的要素と情緒的要素によって説明されてきた組織コミットメントを、これまでの研究では説明できない結果が発見されるたびに新たな発見として説明しようとしてきた。そして、それらの新たに発見された要因の先行要因や結果変数についても、それまでの研究結果とは相違した結論が導かれた。このような結果が繰り返されることによって、組織コミットメントは複雑な概念となっているといえる。

3）組織コミットメントはどのように測定されているのか

　組織コミットメントの代表的な測定尺度は、Porter *et al.*（1974）によって開発された。Porter *et al.*（1974）は、組織コミットメントを、1）組織目標や価値に対する強い信頼と受容、2）組織の代表として進んで努力する意欲、3）組織の一員として留まりたいとする願望によって特徴づけられると述べ、それらの特徴が反映された3要因 15 項目から構成される組織コミットメント尺度（以下、OCQ）を開発している。OCQ の汎用性は高く、その後の多く

の組織コミットメント研究で用いられている。しかし、OCQ には原因と考えられる "組織目標や価値に対する強い信頼と受容" と、その結果と考えられる "組織の代表として進んで努力する意欲" "組織の一員として留まりたいとする願望" が質問項目として含まれていることが指摘され、その概念が OCQ の質問項目にも反映されていることが問題視されている（Reichers, 1985）。組織コミットメントに関する先行研究のうち、OCQ を用いた研究のメタ分析を行った Matheiu & Zajac (1990)は、組織コミットメントと離転職意向との間には $r = -.41$ の相関があることを報告している。しかし、前述の理由から、Porter *et al.* (1974) が開発した OCQ と離転職意向との間に、有意な正の相関がみられることは当然と考えるべきかもしれない。

　こうした OCQ への批判の中、Allen & Meyer (1990) は、組織コミットメントが 3 つの下位概念によって構成される概念であることを提唱し、情緒的コミットメント、存続的コミットメント、規範的コミットメントを下位概念とした尺度を開発した。この尺度は信頼性も高く、他の研究でも多用されることとなった。しかし、前述のとおり、組織コミットメントの下位概念である規範的コミットメントは、情緒的コミットメントの一部であるとする研究もあり、規範的コミットメント自体が、どのような性格のコミットメントなのか明らかになっているとはいいがたい。

４）組織コミットメントが従業員行動に及ぼす影響

　組織コミットメントが影響を及ぼす職務行動に関する研究はそれほど多くなく、離転職意向、欠席率、パフォーマンス、役割外行動などとの関係が検討されている。ここでは、組織コミットメントとの関係性が認められる離転職意向、パフォーマンス、役割外行動との関係性について Mathieu & Zajac (1990)のメタ分析を基に検討することにする。

(1) 離転職意向

　組織に対して高いコミットメントを示す従業員は組織に留まろうとするが、低いコミットメントを示す従業員は離職率が高いとされる(Mathieu &

表 1 - 1　組織コミットメントのメタ分析の結果

変数	$k^{(1)}$	$n^{(2)}$	$r^{(3)}$
個人要因 (Demographic variables)			
勤続年数 (Organizational tenure)	38	12,290	.18
年齢 (Age)	41	10,335	.20
職位 (Job level)	13	3,520	.15
性別 (Gender)	14	7,421	-.09
教育 (Education)	22	4,914	-.04
職務態度 (Work-related attitudes)			
職務満足 (Job satisfaction)	43	15,531	.49
ジョブ・インボルブメント (Job involvement)	20	5,779	.36
文脈的特性 (Context characteristics)			
職務の挑戦性 (Challenge)	3	351	.23
職務行動 (Work-related intentions and behaviors)			
離転職意向 (Intention to leave)	36	14,080	-.41
職務パフォーマンス：上司評価(Job performance)	10	2,215	.13
出席率 (Attendance)	23	4,005	.12

[注] (1) k＝分析で用いられた調査数　　　　　　(2) n＝分析で用いられたデータ数

(3) r＝相関係数の平均

出典：Mathieu and Zajac (1990)より抜粋

　　Zajac, 1990; Allen & Mayer, 1990 など）。離転職意向と組織コミットメントの各下位尺度との相関では、情緒的コミットメントとは負の関係が強く、規範的コミットメントも負の相関があるとされるが、存続的コミットメントにおいては正の相関がみられる。存続的コミットメントと離転職意向の関係は、組織を通じて築き上げてきた社会的信用や地位などを守るか、諦めるかという二者択一の考えに基づいており、他の２つのコミットメントと離転職意向との関係は質的に異なるといえる。

第1章　帰属意識の捉え方　－先行研究のレビューと課題の抽出－

(2)　パフォーマンス

　組織コミットメントに関する先行研究がほぼ一致している見解は、組織へ
の情緒的コミットメントが高い従業員は、情緒的コミットメントが低い従業
員に比べて努力を惜しまず、高いパフォーマンスを示すことである。こうし
た情緒的コミットメントとパフォーマンスとの高い関連性は、パフォーマン
スを回答者の自己評価とした場合だけでなく(Meyer, Allen, & Smith, 1993;
Randall, Fedor, & Longenecker, 1990; Saks, 1995 など)、上司評価（Meyer
et al. 1989)や、個人の営業成績（Bashaw & Grant, 1994)などによってもみ
られる結果である。しかし、情緒的コミットメント以外の組織コミットメン
トは、パフォーマンスとの関連性はそれほど強くなく、逆にネガティブな関
係性も指摘されている。たとえば、規範的コミットメントとパフォーマンス
との間にはポジティブな関係があるが、情緒的コミットメントほどには強い
とはいえない（Ashforth & Saks, 1996; Randall et al., 1990)。さらに、存続
的コミットメントとパフォーマンスとの間には負の相関があるか（Meyer et
al., 1989; Konovsky & Cropranzano, 1991)、あるいは相関はないとされる
(Angle & Lawson, 1994; Bycio, Hackett, & Allen, 1995)。

(3)　役割外行動

　これまでの研究では役割外行動として組織市民行動が多用されており、コ
ミットメントとの関連性について検討されている。組織市民行動とは、直接
的または明確に公式の報酬システムによって認識されない自由裁量の個人
行動であり、組織の効果的な機能を促進する行動と定義され、公的な報酬シ
ステムによって認識されない行動であるとされる(Organ, 1988)。しかし、こ
うした従業員の行動が継続的に行われることによって、従業員が昇進するこ
ともあり得るとされる。実証研究では、情緒的コミットメントが自己評価に
よる組織市民行動に対してポジティブな影響を与えることが報告されてい
るだけでなく（Meyer et al., 1993; Pearce, 1993)、上司評価による組織市民
行動に対しても同様の結果が報告されている（Moorman, Niehoff, & Organ,
1993; Shore & Wayne, 1993)。また、規範的コミットメントと組織市民行動

19

との間にも弱い正の相関がみられるが（Meyer *et al.*, 1993）、存続的コミットメントと組織市民行動との間には負の相関があるか（Shore & Wayne, 1993）、あるいは相関はないとされる（Meyer *et al.*, 1993）。Morrison（1994）は、組織に対する情緒的コミットメントや規範的コミットメントが高い個人は、たとえその職務が役割外であったとしても、それを自分の仕事の一部であると認識している傾向があることを指摘している。また、組織に対する情緒的コミットメントが高い個人は、仕事に対する提案や改善を積極的に行うとされる（Meyer *et al.*, 1993）。

5）組織コミットメントの問題点

　これまで、組織コミットメントに関する理論と研究を概観してきた。これらの研究からは、組織コミットメントは従業員の組織への関与の水準を測定でき、また、従業員の職務行動を予測することに適しているだけでなく、忠誠心や帰属意識などの心理的な側面を含めて包括的に考察ができる有益な概念であることが示されている。そのため、研究者のみならず実務家からも注目され、数多くの研究成果も蓄積されている。しかし、情緒的側面と功利的側面という大きく2つの概念によって検討されてきた組織コミットメント研究は、新たな研究において説明できない結果が得られる度に、コミットメントに関する新たな発見として定義や解釈を付加し、アプローチ方法の異なる次元の概念をひとまとめにして組織コミットメントという複合的な概念として研究されてきた。その結果、1）組織に対して情緒的コミットメントが高い個人は、情緒的コミットメントが低い個人と比較して離転職意向が低いだけでなく、生産性も高く役割外の行動を積極的に行う、2）規範的コミットメントに関しては、情緒的コミットメントと比較すると、離転職意向、生産性、役割外行動との関連性はそれほど強いとはいえない、3）存続的コミットメントは、組織との交換関係を通じて形成蓄積された side-bet を守るという消極的な理由によって生じるため、組織に留まる必要があるから組織に留まっていると理解され、生産性や役割外行動とは負の関係にあるとされるなど、組織コミットメントは概念の複雑化だけでなく、それらが及ぼす結

果についても複雑化している。以上から、組織コミットメントは研究そのものが混乱しているといえ、理論化された研究分野として確立しているとはいいがたい状況にあるといえる。

1．3　社会的アイデンティティ理論アプローチによる帰属意識の捉え方

　社会心理学では、さまざまな現象や事象の原因や要因を自己に関わる心理過程(自己認知)に求めており、自己は個人の行動や考えを規定するだけでなく、集団や組織、国家や社会といった大きな対象までを規定していると考えられている。それらの自己に関する研究の中でも、認知不協和理論(Festinger, 1957) 以来の画期的な理論といわれているのが社会的アイデンティティ理論 (Tajfel, 1978; Tajfel & Turner, 1979, 1986 など) である。この理論は、複数の集団の間に生じる集団間競争や差別の解明を中心的課題としており、これまでのさまざまな領域の研究を再定義し、統合的に明らかにしているという点で優れた理論である(日本労働研究機構, 1993)。これまで、労働者の組織に対する帰属意識は、主に個人と組織の関係性と組織を辞めるか留まるかというような社会的交換理論に基づいて検討されてきた。しかし、社会心理学での知見の蓄積からは、帰属意識を自己の側面からも検討する必要があると考えられる。この社会的アイデンティティ理論を手掛かりとして、個人の組織に対する帰属意識を自己の側面から検討している概念が組織アイデンティフィケーションである。

　以下では、本書が着目している組織アイデンティフィケーション(Organizational Identification) のアプローチ方法となっている社会的アイデンティティ理論 (Social Identity Theory) と自己カテゴリー化理論 (Self Categorization Theory) についての概要を説明した上で、組織アイデンティフィケーションに関するこれまでの研究について検討することにする。

1）アイデンティフィケーションとは何か

　アイデンティフィケーション（Identification）とは、自分にとって重要な他者の属性を自分の中に取り入れる過程一般をさして用いられる心理学用語であり、同一視と訳される。人は重要な他者との同一視を通して、アイデンティティ（Identity）確立の基礎を築くとされる。アイデンティティとは、Erikson（1959）の人格発達理論における青年期の心理社会的危機を示す用語であり、同一性・同一化あるいは自我同一性と訳される。"自分は何者であるか""自分が目指す道は何か""自分の存在意義は何か"などの自己を社会の中に位置づける問いに対して肯定的かつ確信的に回答ができることがアイデンティティの確立を示す要素であるとされる。したがって、アイデンティフィケーション（同一視）は、アイデンティティ（同一化）の確立の前提となるものであるといえる。

2）社会的アイデンティティ理論アプローチ

　近年、個人と組織の関係を表す帰属意識研究に大きな影響を与えているアプローチ方法が社会的アイデンティティ理論である（ Tajfel, 1978; Tajfel & Turner, 1979, 1986 など）。社会的アイデンティティ理論アプローチは、社会的アイデンティティ理論と自己カテゴリー化理論（Turner, Hogg, Oakes, Reicher, & Wetherell, 1987 など）の2つの理論に基づいたアプローチである。社会的アイデンティティ理論と自己カテゴリー化理論は、それぞれは独立した理論であるが、個人の集団帰属を検討する上で2つの理論を併せて社会的アイデンティティ理論アプローチとして用いられることが多い。社会的アイデンティティ理論は、個人的・集合的自己を肯定的に評価しようとする動機が原因となって、複数の集団の間に生じる集団間競争や差別の解明を中心的課題とする理論である。これに対し、自己カテゴリー化理論は、主に個人レベルや集合体レベルでの自他を区別する認知的な作用に着目し、集団の存立についての探求を行っている。以下では、社会的アイデンティティ理論と自己カテゴリー化理論について、その理論の概要について要約する。

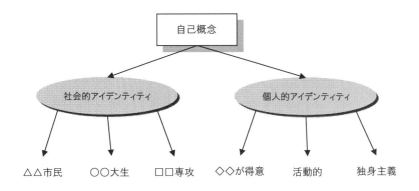

図 1−1　社会的アイデンティティと個人的アイデンティティ
出典：池上・遠藤（2005）グラフィック社会心理学　p105

(1) 社会的アイデンティティ理論の概要

　社会的アイデンティティ理論では、自己概念は自分自身の性格特性や能力などの内的属性の観点から、自分という個人が他とは異なる存在であると理解する個人的アイデンティティと、自己と帰属集団を同一化し帰属集団の一員として自分を理解し行動するという社会的アイデンティティから構成される(図1−1)。組織アイデンティフィケーションが重視しているのは、後者の社会的アイデンティティである。Tajfel(1972) は、社会的アイデンティティを"個人が情緒的および価値的な意味づけを伴って、ある社会集団に帰属しているという知識"であると定義している。また、社会的アイデンティティ理論では、内集団びいきやそこから生じる外集団差別といった集団間認知における諸現象は、社会集団が内集団と外集団の社会的比較によって内集団を肯定的に評価するべく、互いに他の集団との区別をしようと動機づけられるためだと考えられている。

　Tajfel, Billing, Bundy, & Flament (1971)は、集団間差別の必要条件と十分条件を明らかにするため、最小条件集団パラダイムと呼ばれる実験研究を行っている。この実験の目的は、集団間差別と関係すると考えられる要因をすべて排除し、必要最小限の集団状況を設定することであった。この実験で

は、被験者は8人一組でスクリーンに提示された黒点の数を推定する課題に参加し、数を過大評価したか過小評価したかという単純な基準で2つの集団に割り振られた。その後、実験に参加した人に与える報酬の分配基準を決めるための課題に参加した。その結果、自分の行動が自分の利益には関係ないにも関わらず、被験者たちは自分と同じ集団の人（内集団成員）に有利な答えを出したというものである。この実験の結果は、何らかの基準で"われわれ"と"彼ら"という内集団と外集団に単にカテゴリー化するだけでも、集団間差別が生じるのに十分であると結論づけられた。つまり、これらの一連の結果は、集団の一員としての意識である社会的アイデンティティの意識が、集団間差別の生起にとって重要な意味を持っていることを示唆している（Hogg & Abrams, 1988）。

(2) 自己カテゴリー化理論の概要

　一方、自己カテゴリー化理論（Turner *et al.*, 1987）は、人が自分を捉える過程をダイナミックなものとして、個人的アイデンティティと社会的アイデンティティを連続的に捉えようとするものである。人は自分と他の人々との類似性を検討し、メタ・コントラスト比に基づいて、カテゴリー化を行う。そして、自分がユニークな個人であると認知したとき、それは個人的アイデンティティのレベルで自己を理解したことになる。メタ・コントラスト比とは、あるカテゴリーとして1つにくくられる"ひとまとまり"とされるものとそれ以外のものとの差異と、"まとまり"の中での差異との比率である。一方の側にある人々に何らかの共通性があることを見いだし、自分を含む人々を同一のグループだと認知したとき、自分を社会的アイデンティティのレベルで理解したことになる。自己カテゴリー化理論では、個人は複数の異なる準拠集団に所属しているが、その中でどの集団が心理的に重要になるかは状況に応じて違い、内集団の成員性とその効果は文脈的基盤を持っており、状況特殊的であるとされる（Hogg & Abrams, 1988）。つまり、何が内集団成員性として顕著なものになるかは、その時々に応じた利用可能な社会的比較によって変化するといえる。

第1章　帰属意識の捉え方　－先行研究のレビューと課題の抽出－

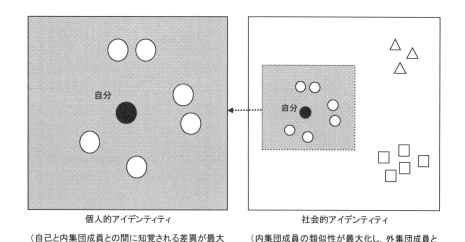

　　個人的アイデンティティ　　　　　　　　　社会的アイデンティティ
（自己と内集団成員との間に知覚される差異が最大　（内集団成員の類似性が最大化し、外集団成員と
化したとき）　　　　　　　　　　　　　　　　　の差異性が最大化したとき）

図1－2　社会的アイデンティティと個人的アイデンティティ
出典：池上・遠藤（2005）グラフィック社会心理学　p105

　図1・2は、自己と内集団との類似性および外集団との差異性について、それらが最大化した場合の自己カテゴリー化を図で示したものである。図1・2の右図のように"まとまり"内差異が"まとまり"外差異に比べて小さいと認知されるとき、初めてそれはリアリティのあるまとまりとしてカテゴリー化される。さらに、自己カテゴリー化理論では、社会的アイデンティティのレベルで自己を理解するときには、内集団の特徴を自分自身が強く持っていると知覚し、自己ステレオタイプ化が生起することを予測している。すなわち、自己が属するカテゴリーが顕在化している場合は、自分をその枠にあてはめようとすると考えられている。

(3)　広義の社会的アイデンティティ理論
　Tajfel(1972)は、個人的アイデンティティと社会的アイデンティティを区分し、社会的アイデンティティを"個人が情緒的および価値的な意味づけを伴ってある社会集団に所属しているという知識"と定義している。Tajfel &

Turner (1986) は、自らの社会的アイデンティティの定義から3つの要素を導き出している。それらは、1）認知的要素、2）情緒的要素、3）価値的要素である。同一視における認知的要素とは、当該カテゴリーへの自己カテゴリー化（Turner, 1991)のことである。すなわち、特定の集団やカテゴリーの成員であることに対する自己定義づけであるといえる。情緒的要素とは、感情的な愛着である。すなわち、同一視における情緒的要素とは集団やカテゴリーの成員であることに対してポジティブな感情を示すものである。価値的要素とは、外部からの評価に対する知識を自己概念に統合しようとするものである。自己概念の一部は集団の成員性という社会的アイデンティティに基づいており、個人がアイデンティティを獲得するという意味から、組織は重要であるといえる。Hogg & Terry (2000) は、個人だけでなく組織にとっても、成員の組織に対する同一視の重要性を指摘している。なぜなら、組織の成功は成員個々の努力に依存しているからである。また、組織成員であることから得られるポジティブな自己概念は、個人にとってもメリットがあるといえる。このような観点から、組織成員であることは、個人と組織との間の心理的なエンゲージメントを高め、役割行動・役割外行動を促進するだけでなく、個人の自尊感情をも高めるといえる。

　社会的アイデンティティ理論の中核となる前提は、以下のようにまとめられる。1）人は肯定的な自尊心を得るため、あるいは維持するために動機づけられる、2）人の自尊心のほとんどは、集団成員であることから得られる社会的アイデンティティによってもたらされる、3）肯定的な社会的アイデンティティの受容は、比較可能な外集団との比較によってもたらされるというものである。これらの前提から、つぎの3つの原理が導かれる。それらは、第1に、人は肯定的な社会的アイデンティティを確立し、維持しようと努める。第2に、肯定的な社会的アイデンティティの大部分は内集団と外集団との間で行われる有利な比較に基づく。第3に、社会的アイデンティティが不満足なものである場合には、人は現在所属する集団より肯定的な別の集団に入ろうとするか、あるいは現在所属する集団をより肯定的なものに変えようと努める、という3つであるとされる(柿本, 2001)。

第1章 帰属意識の捉え方 －先行研究のレビューと課題の抽出－

　以上が組織アイデンティフィケーションの研究に多大な影響を及ぼして
いる社会的アイデンティティ理論の概要である。以下では、組織アイデンテ
ィフィケーション研究について、初期の研究から社会的アイデンティティ理
論をアプローチ方法とした組織アイデンティフィケーション研究について、
代表的な研究を取り上げ、その理論や組織アイデンティフィケーションと他
の変数との関係について検討した上で、組織アイデンティフィケーション研
究の課題を指摘する。

１．４　組織アイデンティフィケーション研究の概要

１）萌芽期の組織アイデンティフィケーション研究

　現在の組織アイデンティフィケーション研究は、社会的アイデンティティ
理論をアプローチ方法とした研究が主流となっているが、社会的アイデンテ
ィティ理論が発表される以前から、組織アイデンティフィケーション研究は
行われてきた。しかし、同一視そのものは組織コミットメントの下位概念に
含まれるなど、一つの概念として取り上げられることは少なかった。それら
の研究においても、現在の組織アイデンティフィケーション研究の手がかり
となる研究は多い。ここでは、萌芽期の組織アイデンティフィケーション研
究を概観し、それらの研究が組織アイデンティフィケーションをどのように
捉えていたのかを検討する。

(1) Foot (1951) の考究

　成員の組織に対する同一視の重要性について指摘したのは Foot (1951) で
あろう。Foot (1951) は同一視について、「人には集団の成員を同一視する傾
向があり、自分たちの行動を社会的に正当化するために、その集団をカテゴ
リー化する。そして、そのカテゴリー化はどのような状況においても集団へ
のコミットを生起させ、彼らの行動を動機づける」と述べた。すなわち、Foot
(1951) は、個人が組織成員であることをカテゴリー化することによって、個
人は組織のために行動するように動機づけられると考えており、同一視がさ

まざまな行動を引き起こす規定因であるとし、同一視という概念を組織文脈に取り入れることの重要性を指摘した。

　以上のように、Foot（1951）は同一視を動機づけの要因として捉え、個人が組織の一員であると認知することによって、組織成員の行動は組織にとっての肯定的な結果に結びつくと考えた。

(2) Brown（1969）の定義

　Brown（1969）の組織における同一視の研究は、Kelman（1958）の態度変化三様態をヒントに考えられたものである。態度変化三様態とは、人が態度変化を起こす過程について記述されたもので、服従、同一視、内在化の順に深まっていくというものである。すなわち、Brown（1969）は、組織アイデンティフィケーションの過程を、1）自己と集団や集団内他者との間に納得できる関係を築く、2）その関係を維持しようとする、3）その関係を受容すると考えた。そして、組織アイデンティフィケーションを「個人と組織とが特別の関係にあるとする自己概念」と定義した。さらに、Brown（1969）は、組織アイデンティフィケーションは、1）組織の魅力（attraction to the organization）、2）組織と個人の目標の一致（consistency of organizational and individual goals）、3）忠誠心（loyalty）、4）組織成員性への自己参照（reference of self to organizational membership）の4つの要素から構成される概念であると述べた。これらの4つの要素は、組織アイデンティフィケーションを構成する基本的な概念であるとされ、その後の組織アイデンティフィケーション研究においても基本的な概念として知られている。

　Brown（1969）は、同一視を、個人と組織の関係が深まっていく現象をプロセスモデルとして捉えた。この研究で同一視としているのは、どちらかというと愛着に近いものである。Brown（1969）は、組織アイデンティフィケーションは、何らかの組織の魅力が原因となって組織への愛着が深まり、組織価値を内在化していくものとして捉えている。その結果、このプロセスモデルの中に原因と結果が含まれることとなり、Brown（1969）の組織アイデンティフィケーションは、組織の魅力が原因となって組織に対する愛着や組織

第 1 章　帰属意識の捉え方　－先行研究のレビューと課題の抽出－

価値の内在化が生起するとも考えられる。

(3) Patchen（1970）の考究

　Patchen（1970）は、組織アイデンティフィケーションの概念を、1）共有された特徴（perception of shared characteristics）、2）連帯感（feeling a sense of solidarity）、3）組織支持（support for the organization）という3つの側面で捉えようとした。共有された特徴とは、他の組織成員との利益と目標を共有しているという認知であり、集団内の他者と自分自身との間に類似性があるという認知である。ここでいう特徴とは、共有化された組織の目標や方針を意味している。つぎに、連帯感とは、個人が組織と連帯しているという感覚を意味し、集団への帰属と集団成員と一致しているという感覚である。さらに、組織支持に関しては、個人が組織目標や方針を支持することによって、組織の正当性や組織に対する忠誠心を持つこととしている。

　Patchen（1970）は、個人が組織を同一視する対象を組織そのものだけでなく、組織内の他者に対する同一視を含む概念として考えており、組織アイデンティフィケーションは個人と組織、組織内他者との一体感であると捉えていることに特徴がある。

(4) Lee（1969）の定義

　Lee（1969, 1971）は、これまでの組織アイデンティフィケーションの概念を関連づけ、組織アイデンティフィケーションとは"帰属感（belonging）"、"忠誠心（loyalty）"、"共有された特徴（perception of shared characteristics）"の要素を含む概念であるとした。Lee（1969）によれば、"帰属感"とは組織内の他者と目標を共有した結果から生じ、組織内での自分の役割が自己の欲求を満たすために重要であると感じた結果として生じるものであるとされる。つぎに、組織における同一視は個人の組織に対する"忠誠心"から生じる。この忠誠心は組織目標の支持を意味し、組織成員のプライドを高め、外圧から組織を守ろうとするものである。最後に、"共有された特徴"とは、個人と組織内の他者との類似性を意味するものとされる。

以上のように、Lee (1969) の考え方は、Patchen (1970) の考え方に類似
している。すなわち、Lee (1969) の定義する組織アイデンティフィケーショ
ンは、同一視する対象を組織そのものだけでなく、組織内の他者に大きく依
存していることである。

(5)　Hall, Schneider, & Nygren (1970) と Schneider, Hall, & Nygren (1971) の定義
　Hall, Schneider, & Nygren (1970) と Schneider, Hall, & Nygren (1971)
は、組織アイデンティフィケーションを「個人が組織の価値や目標を受容し、
その価値や目標を自分自身のものとすること」と定義し、組織の価値や目標
を個人が受け入れ、個人の価値や目的に結びつけることは、組織への情緒的
なコミットメントに影響を及ぼすと考えた。彼らの研究は、同一視とは、あ
くまでも組織コミットメントの一要素であり、とりわけ情緒的な要素との関
連が深いものであると捉えている。
　以上のように、これらの初期の組織アイデンティフィケーション研究では、
組織の目標や価値が個人目標や価値と一致することで、組織に対する忠誠心
や帰属意識が生じるという点では一致している。しかしながら、その定義や
構成概念は、組織コミットメント、離転職意向などの他の概念と判別するこ
とが困難であり（Edwards, 2005)、個人が同一視する対象は組織なのか、組
織内の他者なのか、両者なのかなどを含め理論的には十分とはいえない。

２）社会的アイデンティティ理論アプローチによる組織アイデンティ フィケーション研究の概要

　前述のとおり、組織アイデンティフィケーションに関する初期の研究では、
類似する他概念との弁別性の問題だけでなく、理論的にも十分でないことが
指摘された。しかし、社会的アイデンティティ理論 (Tajfel, 1972)が発表され
て以降、組織アイデンティフィケーション研究は社会的アイデンティティ理
論をアプローチ方法として大きく展開していった。ここでは、主要な研究者
が組織アイデンティフィケーションをどのように捉えているかについて検
討する。

（1） Ashforth & Mael（1989） の定義

　Ashforth & Meal（1989）は、社会的アイデンティティ理論を組織研究に取り入れた第一人者である。Ashforth & Meal（1989）の研究以降、社会的アイデンティティ理論アプローチによる組織アイデンティフィケーション研究は急速に広まっていった。Ashforth & Meal（1989）は、組織アイデンティフィケーションは、自分の中に組織の価値観などを組み入れることを前提とした心理状態である忠誠心、関与、コミットメントなどとは相違した概念であることを強調している。また、それまでの組織アイデンティフィケーションに関する研究では、組織アイデンティフィケーションと他の概念とが混同されており、社会的アイデンティティ理論アプローチによって、組織そのものへの組織アイデンティフィケーションを自己の側面から検討する必要性を指摘している。Ashforth & Meal（1989）は、人が集団を同一視するためには、その集団の運命と心理的に結びついていると自覚するだけでよいという、社会的アイデンティティ理論の中核的な特徴を用いて、個人と組織の関係を認知的な観点から捉えようとした。

　さらに、Ashforth & Meal（1989）は、組織成員であることの自己の定義づけや集団成員への自己参照は、組織の成功や失敗を自分自身のものとして認知させるため、組織成員は組織の目的のために努力を惜しまなくなると考えた。

（2） Dutton, Dukerich, & Harquail（1994） の定義

　Dutton, Dukerich, & Harquail（1994）は、社会的アイデンティティ理論を組織マネジメントに応用しようとした。Dutton *et al.*（1994）は、成員の組織に対する同一視には、組織それ自体のイメージが影響を及ぼすと考えた。そして、組織のイメージには2種類があり、1）組織の特質が他の組織と区別でき、また、その特質が不変であり中核的なものであるという認知、2）組織を外部がどのように評価しているかについての成員の知覚から生じるイメージであるとした。外部から肯定的な評価をされた個人的な行為は、所属している組織の評価でもあるため、組織成員の自尊感情を高めるだけでなく、

自己の組織アイデンティティに影響を及ぼすことになる。Dutton *et al.* (1994) は、組織イメージが成員に及ぼす影響について、いくつかの仮説を提示している。それらは、1）組織の魅力が高まれば高まるほど、成員は組織を同一視する、2）成員が同一視している特質と組織イメージの特質が類似していればいるほど、成員の組織に対するアイデンティフィケーションは高まる、3）組織に対するアイデンティフィケーションが比較する組織と相違していればいるほど、成員は組織を同一視しやすくなる、4）組織のイメージが個人の自尊感情を高めるものであるほど、成員の組織に対する組織アイデンティフィケーションは高まるというものである。また、社会的アイデンティティと組織イメージが一致しない場合は、成員は外部に肯定的な情緒を求めることになる。一方、外部から否定的な評価を受ける組織成員は、肯定的な社会的アイデンティティを獲得するため、懸命に努力する。それは、肯定的な自尊感情を維持するための行動と同じことになる。そして、成員の組織に対するアイデンティフィケーションが、ある一定のレベルに到達したときに成員の社会的アイデンティティが確立する。一旦、集団に対するアイデンティティが確立されると、それは個人の自己概念の一部となり、集団のアイデンティティのイメージを肯定的に評価しようとするとされる(Dutton *et al.*, 1994)。

　以上のように、Dutton *et al.* (1994) は、組織アイデンティフィケーションがどのように形成されるのかといった視点から研究を行い、組織に対するイメージが組織アイデンティフィケーションに影響を及ぼす重要な要因であることを指摘している。また、組織のイメージが肯定的であろうと否定的なイメージであろうと、いずれにしても組織成員は自尊感情を高めるために努力すると考えられており、当該組織の一員であるという認知が組織アイデンティフィケーションの源であるというのは興味深い。このことは、類似概念であると指摘される組織コミットメントが職場の人間関係や上司との関係、職務内容などからの影響を受ける概念であるのに対し、組織アイデンティフィケーションが組織のイメージからの影響を受ける概念であるといえる。

(3) Rousseau (1998) の定義

　Rousseau (1998) は、組織アイデンティフィケーションを"個人が組織成員であるという認知を自己定義に統合するプロセス"であると定義している。この定義は、他の研究者の定義そのものと大きな差はないが、Rousseau (1998) の組織アイデンティフィケーションの概念が他の考えと相違している点は、組織アイデンティフィケーションを Situated Identification (以下、様態アイデンティフィケーション)と Deep Structure Identification (以下、深層構造アイデンティフィケーション)とに分類していることである。Rousseau (1998)によれば、様態アイデンティフィケーションとは、個々の成員が期待されている職務を遂行するときに生じる同一視であるとされる。職場においても、組織成員は目標に向かって職務を遂行しているが、様態アイデンティフィケーションが生起すると、個人は組織と共有している目標に向かって努力し、集団成員としての自己を悟るのである。しかしながら、この同一視の考え方は、職務役割の変更など、状況変化によって同一視の度合いが変化することになる。

　一方、深層構造アイデンティフィケーションは、個人にとって大きな影響を与える同一視の概念であり、深層構造アイデンティフィケーションには、成員の心理的モデルを変更するというような認知スキーマが存在し、それが個人の組織との関係性を創造するとされる。

　Rousseau (1998)は、組織アイデンティフィケーションのプロセスに着目していると解釈できる。その過程には、認知的な同一視である様態アイデンティフィケーションと、内在的な要素である深層構造アイデンティフィケーションとに分類しており、組織アイデンティフィケーションが2つの要素から構成される概念であることを示唆している。

(4) van Dick (2001) の定義

　van Dick (2001) は、これまでの社会的アイデンティティ理論アプローチによる組織アイデンティフィケーションの研究が、社会的アイデンティティ理論を十分に活かしきれていないことを指摘し、組織アイデンティフィケー

ションと組織コミットメントの関係を統合したモデルを示した。van Dick (2001)は、組織アイデンティフィケーションの構成概念として認知的要素、情緒的要素、評価的要素を取り上げ、そのうち情緒的な同一視は情緒的コミットメントと重複するものとして捉えている。

　しかし、組織コミットメントと組織アイデンティフィケーションでは、同一視する対象が組織そのものなのか組織内の他者を含むものなのかが曖昧であり、組織アイデンティフィケーションを組織コミットメントに統合するという考え方は理論的にも矛盾が生じている。

(5) Edwards (2005) の定義

　Edwards (2005) も van Dick (2001)と同様に、組織アイデンティフィケーションを複数の要素から構成される概念であると考えている。Edwards (2005) は、先行研究のレビューから、組織アイデンティフィケーションを"個人の情緒的かつ認知的な組織との絆の強さ"と定義し、組織成員として自己を定義しようとする"カテゴリー化"、組織の目標や価値を内在化しようとする"価値と目標の共有化"、個人と組織との情緒的な絆などの"組織への愛着"の3つの側面から組織アイデンティフィケーションを捉えることを提唱している。そして、Edwards (2005) は、これらの3つの側面を含んだ質問項目から組織アイデンティフィケーション尺度を開発し、組織アイデンティフィケーションが"カテゴリー化""内在化""愛着"という要素から構成される概念であることを示唆した。しかし、これらの要素は内部相関が高いことから、各要素は相互に関係し合いながら組織アイデンティフィケーションを構成していると述べている。

　以上のように、初期の研究では（Brown,1969; Lee,1969,1971; Patchen,1970; Hall *et al.*,1970 など）、組織アイデンティフィケーションの概念は組織との一体感が強調されており、概念を構成する下位概念には価値や目標の共有が強調された概念として検討されてきた。一方、Ashforth & Mael (1989)をはじめとする社会的アイデンティティ理論アプローチによる組織アイデンティフィケーション研究が一致して主張していることは、組織アイデンティフ

第1章　帰属意識の捉え方　－先行研究のレビューと課題の抽出－

ィケーションは個人が組織をどのように認知しているかということである。しかし、Ashforth & Mael (1989) や Dutton *et al.* (1994)のように組織アイデンティフィケーションを自己認知のみで説明しようとするもの、Riketta(2005)のように認知的要素の他に、連帯感や組織の支持などの下位概念を指摘する研究もあるなど、組織アイデンティフィケーションの概念に含まれる要素には違いがみられる。また、van Dick(2001)は、組織アイデンティフィケーションは認知的要素のほかに、情緒的要素、評価的要素、行動的要素によって構成されており、そのうち情緒的要素は組織コミットメントの下位概念に含まれると考えるなど、他概念との関連性が懸念される。

1．5　組織アイデンティフィケーションと関連する変数

　組織コミットメントと同様に、組織アイデンティフィケーションが及ぼす効果についてはそれほど変数が多いわけではない。Riketta (2005) のメタ分析において関連性が検討されている変数は、離転職意向、欠席率、パフォーマンス、役割外行動などである。また、組織アイデンティフィケーションとの関係性が認められる職務態度として、組織コミットメント、職務満足感、ジョブ・インボルブメントが取り上げられている。

　Riketta (2005) は組織アイデンティフィケーションに関する先行研究から 96 の独立変数についてメタ分析を行っている（表 1 - 2）。それらのメタ分析の結果から、組織アイデンティフィケーション研究の問題点も指摘されている。このメタ分析の目的は、1) 組織アイデンティフィケーションと職務態度およびパフォーマンスの関係性の検証、2) 組織アイデンティフィケーションと類似性の高い概念である態度的組織コミットメントとの弁別、3) 組織アイデンティフィケーション研究で使用されている Meal 尺度（Meal & Tetrick,1992)と Organizational Identification Questionnaire(Cheney, 1983、以下 "OIQ")との尺度間の比較であった。

　メタ分析の結果、1) 組織アイデンティフィケーションと職務態度およびパフォーマンスとの高い相関関係がみられること、2) 組織アイデンティフ

35

ィケーションと態度的組織コミットメントとは別概念であること、また、3）
Meal 尺度と OIQ には一貫した結果が得られないことを報告している。特に、
Meal 尺度と OIQ から得られる結果に一貫性がないことに関して、Riketta
（2005）は、組織アイデンティフィケーションの測定方法の相違によるものだ
と述べている。

1）組織アイデンティフィケーションと職務満足感の関係

　Riketta（2005）のメタ分析の結果では、組織アイデンティフィケーション
と職務満足感の間には $r=.54$ の有意な相関があるとされる。たとえば、その
サンプルの一つである van Dick, Christ, Stellmacher, Wagner, Ahlswede,
Grubba, Hauptmeier, Hohfeld, Moltzen, & Tissington（2004）は、組織アイ
デンティフィケーションと職務満足感との関係について、地方銀行1の社員、
地方銀行2の社員、コールセンターの社員、医師や看護師を含む医療関係者
の4つのサンプルを対象として調査を行っている。その結果、組織アイデン
ティフィケーションと職務満足感との相関は、サンプルのうち、地方銀行1
の社員、地方銀行2の社員、コールセンターの社員では、$r=.44\sim.52$ と中
程度の有意な正の相関がみられたが、医療関係者のサンプルでは組織アイデ
ンティフィケーションと職務満足感との相関は $r=.21$ であったことを報告
している。また、組織アイデンティフィケーションが職務満足感に与える影
響は、地方銀行1の社員、地方銀行2の社員、コールセンターの社員では β
$=.42\sim.70$ と高かったが、医療関係者のサンプルでの組織アイデンティフィ
ケーションが職務満足感に及ぼす影響は、$\beta=.25$ であったことを報告して
いる。これらの結果について、van Dick et al.（2004）は、調査に用いた医療
組織は調査前に2つの医療組織が統合された組織であり、調査段階ではそれ
らの職員らが統合された組織に対するアイデンティティが確立していない
状況であることが原因であると考察している。以上の結果から、彼らは、組
織アイデンティフィケーションは職務満足感に強い影響を与える要因であ
るとしている。これらの結果は、高度な専門性を持った医療関係者では、組
織に対するアイデンティティよりも職業に対するアイデンティティが確立

第 1 章　帰属意識の捉え方　－先行研究のレビューと課題の抽出－

表 1 － 2　組織アイデンティフィケーションのメタ分析の結果

	$k^{(1)}$	$n^{(2)}$	$r^{(3)}$	$\chi^{2(4)}$
人口統計学的変数				
勤続年数	25	5,305	.13	83.67 ***
年齢	21	4,802	.12	117.40 ***
職位	5	708	.24	1.94 *
性別	18	4,331	-.04	43.89 ***
教育レベル	5	549	-.06	6.31
職務態度				
情緒的コミットメント	16	4,263	.78	2499.48 ***
組織コミットメント尺度の情緒的要素	8	2,228	.79	1182.22 ***
情緒的コミットメント（Allen & Mayer）	7	1,791	.71	61.82 ***
職務への帰属	13	2,445	.47	145.73 ***
職場集団への帰属	20	3,867	.52	240.73 ***
職務満足	38	8,759	.54	415.71 ***
組織への満足感	6	1,530	.59	76.97 ***
ジョブ・インボルブメント	12	2,837	.61	46.09 ***
組織の文脈的要素				
職務の見通し	10	1,699	.33	16.42
組織の威信	16	5,257	.56	82.57 ***
職務行動				
離転職意向	34	7,243	-.48	277.27 ***
役割行動	16	3,009	.17	36.53 **
役割外行動	25	6,644	.35	163.35 ***
欠席率	6	1,581	-.01	5.22

* $p <.05$, ** $p <.01$, *** $p <.001$

〔注〕(1) k =分析で用いられた調査数　　　　(2) n =分析で用いられたデータ数

　　　(3) r =相関係数の平均　　　　　　　(4) χ^2 =カイ2乗検定

出典：Riketta (2005)から抜粋

37

している可能性もあると考えられる。

2）組織アイデンティフィケーションと離転職意向の関係

組織アイデンティフィケーションと離転職意向の関係について、Riketta (2005) のメタ分析では、両者の間には $r = -.48$ の有意な負の相関があることが示されている。たとえば、van Dick *et al.* (2004) は、組織アイデンティフィケーションと離転職意向との関係について、組織アイデンティフィケーションと離転職意向との相関は $r = -.21 \sim -.52$ という有意な負の相関があり、組織アイデンティフィケーションが離転職意向に及ぼす影響は、$\beta = -.15 \sim -.25$ であったことを報告している。この結果から、彼らは組織アイデンティフィケーションが離転職意向に影響を与える要因であることを示唆している。

3）組織アイデンティフィケーションと役割外行動の関係

Riketta (2005) のメタ分析では、組織アイデンティフィケーションと役割外行動との間には $r = .35$ の有意な正の相関があることが示されている。Riketta (2005) のメタ分析で用いられた先行研究のほとんどが役割外行動として組織市民行動（Organ, 1988）を用いている。たとえば、van Dick, Grojean, Christ, & Wieseke (2006) は、組織アイデンティフィケーションと組織市民行動の関係について複数のサンプルを用いて検討を行っている。取り上げられたサンプルは、企業のコールセンターの社員、教師、銀行員、医師や看護師を含む医療関係職員、一般企業および製造会社の社員であった。サンプルの集団ごとの組織アイデンティフィケーションと組織市民行動の間には、$r = .30 \sim .52$（$p < .01 \sim p < .001$）の高い相関があったことを報告している。

職務満足感、離転職意向、役割外行動と組織アイデンティフィケーションとの関係について、Riketta (2005) のメタ分析を基に主要な研究を検討した。それらの変数との間には高い相関がみられ、組織アイデンティフィケーションは職務態度や職務行動との関係性が高いことが示されていた。しかし、職

第 1 章　帰属意識の捉え方　－先行研究のレビューと課題の抽出－

務満足感、離転職意向、役割外行動は、組織コミットメントの概要の節で述べたとおり、組織コミットメントとの関係性も認められている変数でもある。次節では、組織アイデンティフィケーションと組織コミットメントはどのような違いがあるのかについて、理論的な相違について検討する。

1．6　組織アイデンティフィケーションと組織コミットメントの理論的相違

　前節まで、組織コミットメントと組織アイデンティフィケーションに関する研究の概要をみてきたが、これまでの組織アイデンティフィケーション研究における大きな問題点の一つは、理論的にも、また実証研究においても組織コミットメントとの類似性が指摘されることである。両者の類似性に関しては、組織アイデンティフィケーションと組織コミットメントは同一概念であるとする研究と、両者は弁別可能な概念であるとする研究がみられる (Wiener, 1982; van Knippenberg & Sleebos, 2006)。本節では、先行研究での議論をまとめ、4 つの点から両者の理論的相違を指摘する。

　第一に、組織アイデンティフィケーションは組織成員であることを自己概念にどのように関連づけるかという認知を中心とした概念であるのに対し、組織コミットメントは組織に対する態度であるということである。確かに、組織アイデンティフィケーションと組織コミットメントには一部重複した部分がある。特に、組織アイデンティフィケーションと組織コミットメントの下位概念である情緒的コミットメントでは顕著である。しかし、社会的交換理論に基づいた組織コミットメントは、組織が提供する仕事の楽しさや成員の職務への関与が規定因となって、組織にとって望ましい成員の職務態度や職務行動に結びつくとされる概念である (Mowday *et al.*, 1982; Meyer & Allen, 1997)。すなわち、組織アイデンティフィケーションと組織コミットメントの違いは図 1-3 に示すように、組織と個人とを対極に位置づけた交換関係にあるとする概念と組織を自己概念にどのように位置づけるかという概念との相違であるといえる。Ashforth & Mael (1989) は、この 2 つの概念

39

図1－3 個人の組織に対する帰属意識の概念

は理論的に相違していると主張している。つまり、組織アイデンティフィケーションは個人と組織の関係を自己の側面から探求しており、自己参照や自己定義という観点から検討している概念である。一方、組織コミットメントはそうではないと指摘した。そして、組織アイデンティフィケーションの本質は「自分が何者であるか」について自己を定義づけすることであり、自己が組織成員であると認知している組織との一体感や帰属感を強く表したものであるとしている。

第2に、組織アイデンティフィケーション研究のアプローチ方法となっている社会的アイデンティティ理論（Tajfel & Turner, 1986 など）および自己カテゴリー化理論（Tuner et al., 1987 など）に基づけば、組織アイデンティフィケーションは柔軟性が高く、内集団の顕現性と外集団との比較との相互作用に依存しているとされる（Wagner & Ward, 1993; Pratt, 1998）。一方、組織コミットメントは組織に対する態度であり、一旦生起すると安定的に持続すると考えられる。

第3に、組織アイデンティフィケーションと組織コミットメントは、それぞれに相違した考え方が基礎にあり発展してきた概念であることである（Pratt, 1998）。組織アイデンティフィケーションという概念は、自らが所属する組織との価値観の類似性や価値の共有に対する認識を基礎としている（Ashforth & Mael, 1992）。一方、組織コミットメントは、基本的には社会的交換理論に基づいて発展してきた概念であり、たとえば、個人と組織の間の物質的な交換をイメージしたものである（Tyler & Blader, 2000）。この2つの概念研究が発展してきた基礎となる考え方は、全く相違したものであり、

第1章　帰属意識の捉え方　－先行研究のレビューと課題の抽出－

双方の概念が影響を及ぼす結果変数にも違いがある。

　最後に、組織コミットメントという概念には、個人と組織との関係だけで
なく、個人とそこで働く同僚や上司との互恵関係が強く影響を及ぼしている
ことである。一方、社会的アイデンティティ理論アプローチによる組織アイ
デンティフィケーションでは、同一視の対象は組織であり、組織内の同僚や
上司との相互関係の影響を受けることはない（Dutton *et al.*, 1994）。組織ア
イデンティフィケーションの概念に立脚すれば、たとえ在宅勤務や何らかの
理由で、1人で職務を遂行しなくてはならないような状況となったとしても、
組織を同一視する水準が高い個人のパフォーマンスは高いと考えられる。

1．7　帰属意識研究の課題

　本章の目的は、これまでの帰属意識研究を振り返ることによって、1）組
織コミットメント研究の問題点の把握、2）組織アイデンティフィケーショ
ンの先行研究における問題点の把握、3）組織アイデンティフィケーション
との重複性が指摘される組織コミットメントとの理論的な相違点を明確に
することであった。

　まず、本章の前半部分では、これまで帰属意識研究に用いられてきた組織
コミットメントについて、代表的な研究をレビューし批判的に検討を行った。
その結果、組織コミットメントは成員の組織への関与の度合いや職務行動を
予測することに適しているだけでなく、帰属意識を心理的な側面を含めて中
立的に考察ができる優れた概念であった。しかし、組織コミットメント研究
は、既存研究において説明できない結果が得られる度に、それらを組織コミ
ットメントに関する新たな発見として新たな定義や解釈を付加し、複合的な
概念として研究されてきた。そのため、組織コミットメントは概念の複雑化
だけでなく、それらが及ぼす結果についても複雑化していた。たとえば、1）
情緒的コミットメントは、成員のパフォーマンスとポジティブな関係性があ
る、2）規範的コミットメントと成員のパフォーマンスとの関係性はそれほ
ど強くなく、3）存続的コミットメントは、成員のパフォーマンスとネガテ

41

ィブな関係性があるという結果である。以上から、組織コミットメントは研究そのものが混乱しており、理論化された研究分野として確立しているとはいいがたい状況にあると考えられる。

　つぎに、本章の後半部分では、社会心理学の観点から社会的アイデンティティ理論に着目し、この理論を組織文脈に援用した組織アイデンティフィケーションに関する代表的な研究のレビューを行った。まず、近年の組織アイデンティフィケーション研究の主なアプローチ方法となっている社会的アイデンティティ理論の原理は以下の３点であった。それらは、第１に、人は肯定的な社会的アイデンティティを確立し維持しようと努める、第２に、肯定的な社会的アイデンティティの大部分は内集団と外集団との間で行われる有利な比較に基づいている、第３に、社会的アイデンティティが不満足なものである場合には、人は現在所属する集団より肯定的な別の集団に入ろうとするか、あるいは現在所属する集団をより肯定的なものに変えようと努める、というものであった(柿本, 2001)。これらの原理は、人は常に集団から得られる肯定的な自己を求めており、それらを達成するために努力するとまとめられるであろう。こうした原理を組織文脈に取り入れたものが、社会的アイデンティティ理論をアプローチ方法とした組織アイデンティフィケーションであった。すなわち、社会的アイデンティティ理論の原理を背景にしている組織アイデンティフィケーションには、自己が当該組織の成員であるという認知が最も重要な要因であるといえるであろう。しかし、社会的アイデンティティ論をアプローチ方法とした組織アイデンティフィケーションでは、認知的な要素が強調される概念ではあるが、その他の要素も見いだされている。たとえば、組織価値の受容などの内在化要素や組織に対する愛着などの情緒的要素などである。先行研究では、これらの下位概念が相互に関係し合いながら組織アイデンティフィケーションという概念を構成していると考えられていた(たとえば、van Dick, 2001; Edwards, 2005)。以上から、組織アイデンティフィケーションは、組織成員として自己を定義しようとする認知的な要素を中心に、その他の要素を含む複合的な概念であると考えられるであろう。

第1章　帰属意識の捉え方　－先行研究のレビューと課題の抽出－

　最後に、組織アイデンティフィケーションと組織コミットメントは、それ
ぞれに相違した考え方が基礎にあり発展してきた概念であった（ Pratt,
1998 ）。すなわち、組織アイデンティフィケーションは組織成員であること
を自己概念にどのように関連づけるかという認知を中心とした概念である
のに対し、組織コミットメントは組織に対する態度であると考えられていた。
組織コミットメントは、基本的には社会的交換理論に基づいて発展してきた
概念であり、組織が提供する仕事の楽しさや成員の職務への関与が原因とな
って、組織にとって望ましい成員の職務態度や職務行動に結びつくとされて
きた（Mowday *et al.*, 1982; Meyer & Allen, 1997 ）。すなわち、組織コミッ
トメントという概念には、個人と組織との関係だけでなく、個人とそこで働
く同僚や上司との互恵関係が強く影響を及ぼしていた。一方、組織アイデン
ティフィケーションという概念は、自らが所属する組織との価値の類似性や
価値の共有に対する認知を基礎としている（ Ashforth & Mael, 1992 ）。組織
アイデンティフィケーションは、個人と組織の関係を自己の観点から検討さ
れており、自己が組織成員であると認知している組織との関係を表した概念
であると考えられる。以上から、社会的アイデンティティ理論アプローチに
よる組織アイデンティフィケーションでは、同一視する対象はあくまでも組
織そのものであり、組織の同僚や上司との相互関係の影響を受けることは想
定されていない。
　以上から、組織アイデンティフィケーションは組織コミットメントと比較
して、職務内容や職場の人間関係、処遇などの変化の影響を受けにくく、個
人と組織そのものとの本質的な関係を測定することに適していると考えら
れる。そして、個人と組織の関係を表す帰属意識研究では、社会的交換理論
に基づいた組織コミットメントよりも組織アイデンティフィケーション研
究の方が、その概念の構成要素が理論的であり、なぜ人が組織のために働こ
うとするのかを説明する概念として適しているといえよう。
　以上のように、社会的アイデンティティ理論アプローチによる組織アイデ
ンティフィケーションは、個人と組織の関係を表す優れた概念であると考え
られる。一方で、組織アイデンティフィケーション研究が抱える課題として

以下の3点があげられた。第1に、組織アイデンティフィケーションと組織コミットメントの弁別性の問題である。組織アイデンティフィケーションと組織コミットメントという2つの概念には、個人と組織の関係を捉える視点の相違やそれぞれの概念の背景となる理論的な相違があるといえる。しかし、実証研究においては、組織コミットメントの結果として検討されている変数と組織アイデンティフィケーションの結果として検討されている変数のほとんどが同じような概念が用いられており、組織コミットメントと組織アイデンティフィケーションの相違が明確になっているわけではない。また、仮に、組織コミットメントと組織アイデンティフィケーションが、それぞれ別の概念であるとされた場合、組織アイデンティフィケーションにはどのような特徴があるのか、現段階では明らかになっているとはいいがたい。

第2に、組織アイデンティフィケーションとはどのような心理状態を表しているのかということである。先行研究では、組織アイデンティフィケーションは成員の認知的な概念であることは一致しているが、組織アイデンティフィケーションを構成するとされる認知的要素以外の要素については研究者によって違いがある。先行研究では、組織アイデンティフィケーションは認知的要素を中心として、内在化要素や情緒的要素など複数の要素によって構成される概念であると考えられている。認知的要素とは、外部からの評価に対する知識を自己概念に統合しようとするものである。内在化要素とは、個人が組織の価値観を受容しようとするものである。しかし、情緒的要素は、組織に対する感情的な愛着であるといえ、認知的要素や内在化要素が原因となって、情緒的な感情である愛着が深まるとも考えられる。すなわち、情緒的要素は認知的要素や内在化要素が原因となって生じる二次的な要素であると考えられる。確かに、組織アイデンティフィケーションにおける情緒的要素は、組織成員であることに対してポジティブな感情を表す重要な要因であることに変わりはないが、本質的な構成要因ではないといえるであろう。

第3に、組織アイデンティフィケーションがどのような要因によって獲得され、組織アイデンティフィケーションはどのような職務態度や職務行動に影響を及ぼすのかということである。先行研究のメタ分析では、先行要因と

して組織の威信との関係性が高く、結果変数では離転職意向やパフォーマンスなどとの関係性が認められている。しかし、Riketta（2005）が指摘するように、分析に用いた組織アイデンティフィケーションを測定する尺度の影響が強く、その結果は一致していない。このことから、組織アイデンティフィケーション研究における概念や測定方法に関して改めて検討の必要性があるといえるであろう。

　これらの課題について、第2章では組織成員のインタビュー調査の逐語データが質的に分析され、本書の分析枠組みが導出される。そして、第3章から第6章では、第2章で導かれる分析の枠組みに基づいた仮説を検証することによって、本書の課題が明らかにされる。

第2章
従業員は組織をどのように捉えているのか
－組織アイデンティフィケーションのプロセス－

2．1　はじめに

　前章では、個人の組織に対する帰属意識に関する先行研究をレビューすることによって、理論的に組織アイデンティフィケーションの有効性を検証してきた。その結果、帰属意識を自己の側面から検討するという発想である組織アイデンティフィケーションは、個人の職務態度や職務行動にポジティブな影響を及ぼす概念であり、組織にとってもポジティブな結果をもたらす重要な概念であると考えられる。しかし、先行研究からは、組織アイデンティフィケーションはその概念だけでなく、それぞれの研究者の定義に基づいて開発された尺度と職務態度や職務行動などの変数との関係性について相違がみられるなど、組織アイデンティフィケーションという概念はいくつかの問題点が指摘された。

　本章ではこれらの問題点に対して、改めて組織成員は自らが働く組織をどのように捉え、自らの関わりをどのように意味づけているのか、また、どのような要因によって、そのような心理状態が引き起こされるのかについて、組織の従業員へのインタビューによって得られた逐語データを基に探索的な分析を試みる。

　本章の分析にはB社の事例が用いられる。したがって、本章は単一事例研究であるため、あくまでも組織アイデンティフィケーションに関する仮説を探索する仮説発見型の研究として位置づけられる。つまり、本章の分析で得られた発見事実は、本書における実証研究の出発点としての意味を持つといえる。そして、本章の最後には、質的研究の分析結果に基づいて、本書における組織アイデンティフィケーションに関する分析枠組みが提示される。

第2章　従業員は組織をどのように捉えているのか
－組織アイデンティフィケーションのプロセス－

２．２　本章のリサーチクエスチョン

　社会心理学では、個人の集団に対する帰属意識について自己の側面から研究がなされている。なかでも、社会的アイデンティティ理論は、これまでの組織間、組織内で生起する事象を説明するメタ理論として画期的な理論であるとされる。社会的アイデンティティ理論では、人は何らかの基準で“われわれ”と“彼ら”というカテゴリーに単純に分類するだけでも、集団の一員としての社会的アイデンティティが意識され、集団間差別を引き起こすとされる（Hogg & Abrams, 1988）。このような社会的アイデンティティ理論および自己カテゴリー化理論を組織文脈に取り入れた概念が組織アイデンティフィケーションである。これまでの組織アイデンティフィケーションの研究では(たとえば、Ashforth & Mael, 1989; Dutton *et al.*, 1994; van Dick, 2001)、成員が組織に留まりたいという気持ちを高め、組織内の他者との協働に努めるなど、個人と組織の関係性を表す心理的概念として、個人の職務態度や行動の説明および予測に適しているとされる。しかし、Riketta (2005) は組織アイデンティフィケーションに関するメタ分析の結果、先行研究に用いられた組織アイデンティフィケーション尺度から得られる結果に一貫性が乏しく、組織アイデンティフィケーションがどのように概念化され、どのように測定されるかによって、得られる結果が相違していることを示唆している。

　前章で見てきたように、組織アイデンティフィケーションには数多くの定義がみられる。しかしながら、組織アイデンティフィケーションの定義の多くは、個人の価値と組織の価値との一致や(Brown, 1969; Pratt, 1998)、組織との一体感あるいは帰属意識(Ashforth & Meal, 1989)、また、組織成員であるという認知が自己概念に統合されるプロセスである(Dutton *et al.*,1994; Roussear, 1998) などの認知的な要素が強いものである。これらの定義は、組織の価値と自己の価値との類似性を知覚すると、積極的に組織の成員でありたいという欲求が生じ、個人と組織との関係を自己概念に統合しようとすると理解できる。

しかし、近年の組織アイデンティフィケーションの理論的研究枠組みに用いられる社会的アイデンティティ理論アプローチでは、組織アイデンティフィケーションを認知的要素と情緒的要素とを組み合わせた概念とすることが多くなっている。たとえば、Harquail (1998)は、組織アイデンティフィケーションは自己カテゴリー化という認知的要素と、情緒的要素の双方に関係しており、情緒的な同一視と認知的な同一視を切り離して考えることはできないと述べている。また、Bergami & Bagozzi (1996)も、組織アイデンティフィケーションには認知的要素と情緒的要素があることを指摘している。Bergami & Bagozzi (1996)は、人が組織を同一視すると、認知的な部分と情緒的な部分とが混在した心理的スキーマが生起し、このスキーマが組織への愛着を引き起こすと主張している。さらに、van Dick (2001)は、社会的アイデンティティ理論を用い認知的な部分を強調しながらも、組織アイデンティフィケーションの構成概念における情緒的要素の重要性を指摘している。Edwards (2005)も、また、組織アイデンティフィケーションは認知的要素、情緒的要素のほかに内在化要素を加えることを推奨している。以上のことから、組織アイデンティフィケーションには情緒的要素を含む概念か否かの議論はあるものの、認知的な概念のみで説明することは困難であることが指摘される。

　つぎに、組織アイデンティフィケーションはどのような要因によって高まるのかについて、Riketta (2005) の組織アイデンティフィケーションに関するメタ分析では、組織の威信（prestige）と組織アイデンティフィケーションとの間に有意な相関があることを報告している。組織の威信とは組織の名声や組織に対する誇りなどの組織に対するイメージである。たとえば、社会的アイデンティティ理論を組織マネジメントに援用した Dutton *et al.* (1994)は、従業員の組織に対する同一視と組織それ自体のイメージとの関連性を指摘している。しかしながら、前述のように、組織アイデンティフィケーションという概念がどのような状態を表しているのかが混乱している現状からは、それらと組織アイデンティフィケーションとの関係性が明確になっているとはいいがたい。

第2章　従業員は組織をどのように捉えているのか
－組織アイデンティフィケーションのプロセス－

　以上のことから、本章では、改めて、組織の従業員が組織を同一視してい
る心理状態に関する要因を抽出し、その現象に関する理解を深め、仮説を生
成することを目的とした。本章は、成員が組織とどのように関わり、その関
係をどのように意味づけているのかを検討するに当たり、以下にあげる2つ
のリサーチクエスチョンを設定した。

　　RQ1：組織アイデンティフィケーションとは、どのような心理状態を
　　　　　表しているのか。
　　RQ2：組織アイデンティフィケーションには、どのような要因が影響
　　　　　を及ぼしているのか。

　本章では、まず、RQ1 では、B 社の従業員へのインタビュー調査によって、
成員がどのように組織と関わっているのかについて検討する。具体的には、
組織成員であることをどのように感じているのかということを足掛かりに、
検討していく。
　RQ2 は、そうした組織成員の心理状態が生起するために、どのような要因
が関係しているのかを問うものである。既に述べたように、本書では、組織
アイデンティフィケーションは、それらの水準が高まることで、成員の職務
態度や行動にポジティブな影響を及ぼす概念であると考えている。さらに、
組織アイデンティフィケーションは、企業の成長や収益の向上に多大な影響
を及ぼす概念であると考えられ、組織をマネジメントする上で見過ごすこと
はできないと言えるであろう。

２．３　研究の方法

1）質的研究のデザイン

　本章では、組織に対する帰属意識に焦点を当て、B 社の中でも、パフォー
マンスレベルが高いと考えられる従業員を対象に、組織アイデンティフィケ
ーションが従業員の職務行動に影響を与えるという観点から分析を行う。つ

まり、組織に対するアイデンティティが高まることで、従業員は組織の文脈に沿った職務態度や職務行動を積極的に取ろうとすると考えられる。そして、B社において、どのような要因が組織成員のアイデンティフィケーションの獲得に影響を及ぼしているのかを検討する。

そのため、本書ではデータ分析方法として質的記述的研究を選択した。質的記述的研究は、他の質的研究方法である現象学、エスノグラフィー、グラウンデッド・セオリーといった方法論と比較すると、基礎的かつシンプルな研究方法である。しかしながら、質的記述的研究は、対象としている現象に対する研究に混乱があり、明らかにされていることに偏りがあると考えられる場合、その初歩的な現象を記述し理解を促すことが可能であるとされる(グレッグ、2007)。本書の目的は、組織アイデンティフィケーションとはどのような心理状態(考え、感情、態度など)を示しているのか、また、なぜそうした心理状態になるのかについての現象を理解することであるため、その現実に即したデータを産出・分析し、探索的な発見を志向した質的記述的研究が適当であると考えた。

2）インタビュー調査の対象者

本章における調査には、A県を中心に51店舗を展開している小売流通業B社の全面的な協力を得た。研究対象としてB社を選択した理由は、全従業員に占める非正規労働者の割合が高いことにある。B社の全従業員に占める非正規労働者の割合は84.0%であり、わが国の全労働者に占める非正規労働者の割合である38.7%よりも著しく高い。一般に、非正規労働者は正規労働者と比較して会社に対する帰属意識が低いと考えられており、その帰属意識の低さは、接客場面においても顧客の満足感に負の影響を及ぼす可能性がある。しかしながら、B社は地元新聞社のスーパーマーケットを対象とした顧客満足度調査で、常に1位のサービス品質を保っており、非正規労働者を含め、個人の組織に対する帰属意識が高い可能性があると考えられる。

さらに、組織アイデンティフィケーションに関する先行研究では、組織を同一視している個人は組織のために努力を惜しまず、組織内の他者と協力し

第 2 章　従業員は組織をどのように捉えているのか
　　　　－組織アイデンティフィケーションのプロセス－

表 2 － 1　インタビュー調査対象者の属性

No	年齢	性別	雇用形態	勤続年数	部門および役職
1	36	女	パートタイマー	5.5	食品
2	45	女	パートタイマー	4.5	水産
3	44	女	パートタイマー	4.0	青果
4	42	女	パートタイマー	5.0	食品
5	31	女	パートタイマー	5.5	食品
6	41	女	パートタイマー	4.5	青果
7	48	女	パートタイマー	5.0	食品
8	48	女	パートタイマー	4.5	実演販売
9	43	女	パートタイマー	3.5	惣菜
10	50	女	パートタイマー	5.0	チェッカー
11	45	女	パートタイマー	3.5	食品
12	52	女	パートタイマー	7.0	水産
13	55	女	パートタイマー	10.0	チェッカー
14	61	女	パートタイマー	9.0	食品
15	38	男	パートタイマー	6.5	食品
16	64	男	パートタイマー	4.5	水産
17	35	男	正社員	10.0	マネージャー
18	33	男	正社員	10.0	チーフ
19	30	男	正社員	1.5	一般
20	43	男	正社員	22.0	店長
21	39	女	正社員	10.0	チーフ
22	39	女	正社員	21.0	チーフ
23	31	女	正社員	8.0	チーフ
24	27	女	正社員	5.0	チーフ
25	39	女	正社員	21.0	チーフ
26	38	男	正社員	11.0	チーフ
27	31	女	正社員	8.0	チーフ
28	39	男	正社員	7.0	マネージャー
29	27	女	正社員	5.0	チーフ
30	31	男	正社員	11.0	一般
31	33	男	正社員	11.0	マネージャー

て職務遂行するとされていることから(Rousseau, 1998)、研究参加者は職務パフォーマンスの高い組織成員を対象とすることが必要であると考えた。調査協力を得た B 社では、パートタイマーの人事制度が確立され人事考課も実施されている。人事考課の内容は業績だけでなく、責任性、規律制、協調性、積極性、職務知識などが考課の対象項目となっている。これらの人事考課において、評価の高い従業員は社内において全般的なパフォーマンスレベルが高い成員であると考えられていた。そこで、B 社で全社員を対象として実施されている人事考課結果の中から評価上位者 40 名(正社員 20 名、パートタイマー20 名)を抽出し、該当者に調査の趣旨を説明し、了解が得られた従業員 31 名に対してインタビューが実施された。研究参加者の属性は表 2‐1 に示すとおり、女性 21 名、男性 10 名であった。また、平均年齢は 40.6 歳(SD = 9.3)、平均勤続年数は 8.0 年(SD = 5.1)であった。

3）インタビューの調査内容

　インタビュー調査は 2009 年 6 月から 2009 年 7 月の 2 ヶ月間に、各店舗の休憩室等でアイドルタイムを利用して一人に対して 30 分程度行われた。インタビューは、研究参加者に対して研究の趣旨や手続き等について文書・口頭で説明を行った。その際には、1）研究への参加同意は自由であること、2）同意書提出後も途中辞退は自由であること、3）面接での回答内容の削除等は自由であること、4）研究参加の有無および面接での回答内容は会社での評価に一切影響しないこと、5）研究参加に関して不明な点がある場合にはいつでも説明が可能なことを伝えた。

　情報は研究参加者への半構造化面接によって得た。半構造化面接は、インタビューガイドを作成し実施した。インタビューの対象となった質問項目は、次の 3 つである。1）他者から「あなたは、B 社らしい人だ」といわれると、どのような気持ちになりますか、2）「1）の気持ちになる」のは、どうしてですか、3）「B 社で働いているのだな」と感じるのはどのようなときですか、具体的にお話くださいというものである。これらの質問項目は、研究参加者の返答によって質問を追加し、ガイドラインとなった質問の返答を十分に理

解するように心がけた。インタビューでは、研究参加者の自由な語りを促進するように努めた。質問に対する正答はなく、感じたままに話してもらいたい旨を伝え、研究参加者がリラックスして面接に臨み、積極的に自分の気持ちを述べることができるよう配慮した。インタビュー内容は、研究参加者の了解を元に IC レコーダーに記録され、その音声データに基づいて逐語録が作成された。また、面接内容の逐語記録については、個人が特定されないように番号で取り扱った。なお、本章の分析に用いられる逐語録は、研究参加者自身の内容チェックが行われている。

4）質的データの分析方法

本書全体のフローは、Miles & Huberman（1994）が述べている質的データ分析の３つの活動に従った。それらは、１）データの縮小（データのコード化およびカテゴリー化）、２）データの表示（縮小したデータの図式化）、３）結論を導きだすこと（表示されたデータの解釈と意味づけ）となっている。

まず、データの縮小のプロセスでは、インタビュー調査によって得られた逐語データの中から、個人と組織との関わりに関連した内容を抽出し、単位ごとのデータの意味を読み取りコード化を行った。それらのコードを共通点、相違点について検討し、複数のコードが集まった１つのまとまりとなったものをサブカテゴリーとして、ふさわしい名前を命名した。そして、サブカテゴリーをいくつかのまとまりとして、カテゴリー化を行い、概念の抽象度を上げていった。

つぎに、データの表示のプロセスでは、単にカテゴリーやサブカテゴリーを列挙するだけではなく、カテゴリー間の関連を検討し、それを構造モデルとして図式化を行った。最後に、これらの図式化された構造モデルについての解釈と意味づけに関する考察を行った。

なお、本書の逐語データ内容のコード化およびカテゴリー化に際しては、小売流通業界で働く正社員、パートタイマーのほかに、産業カウンセラー、キャリア・コンサルタントの意見を聞き、発言内容の妥当性と信頼性を確認した。また、分析が恣意的にならないよう、カテゴリー分類やカテゴリー間

の関連性などについて、社会心理学系の研究者と検討を重ねることによって
分析結果の確証性を確保した。

2．4　インタビューデータの分析結果

　質的研究は、一般的に分析者である筆者の主観的な把握が大きな影響を与
えるといっても過言ではない。本書においても、従業員の組織を同一視する
過程を客観的かつ一般的に記述することを目指したものではない。西條
(2002)が、質的研究の結果は、ひとつの仮説として継承されることが質的研
究の前提となっていると述べているとおり、本書での結果も筆者の分析的視
点に立脚した解釈および意味づけである。しかしながら、研究としての一定
の水準を保つ必要性から、本論文での記述が読者にも再解釈可能となるよう、
筆者自身の経験を加味することで、語りの背景となる情報をインタビューデ
ータ中に（　）で補足した。同様に、指示代名詞や主語のない発言について
も、それらが何についての語りなのかについて前後の文脈から読み取り、（　）
で補足した。分析によって生成されたコードを包括するサブカテゴリーは
〈　　〉、またサブカテゴリーを包括するカテゴリーを【　】で表記した。な
お、インタビューデータを引用する場合には「　」で表記した。インタビュ
ーデータについては人物や各団体などの固有名詞などをプライバシーの観点
から論旨を損なわない程度に改編を行った。また、文法の間違いを修正し、
方言を標準語に直すなどの編集が行われた。

　表2-2は、本書の分析手順に従って、従業員の組織との関わりに関して9
のサブカテゴリーにグループ化し、さらにサブカテゴリーを3つのカテゴリ
ーにグループ化したものである。以降では、これらのカテゴリーごとに分析
された結果について考察を行う。

１）組織の肯定的なイメージ
　このカテゴリーは、組織成員が組織そのものをどのように捉えているかに
ついての内容を表しており、〈Aa　組織の評判〉〈Ab　他と比較した組織の優位

第2章　従業員は組織をどのように捉えているのか
－組織アイデンティフィケーションのプロセス－

表2-2　「組織との関わり」の要因

カテゴリー	サブカテゴリー	
A　組織の肯定的なイメージ	Aa	組織の評判
	Ab	他と比較した自社の優位性
	Ac	組織の魅力
B　成員としての自己意識	Ba	組織成員であることで得られる自尊感情
	Bb	成員イメージの参照
	Bc	組織成員であることの意識
C　組織価値の内在化	Ca	組織価値の受容
	Cb	組織価値に沿った行動
	Cc	組織との一体化

性〉〈Ac　組織の魅力〉の3つのサブカテゴリーから構成されていた。

(1) 組織の評判

　このサブカテゴリーは、自らが勤務する組織は顧客など外部からどのように評価されているかを知ることによって、組織のイメージを求めるプロセスであった。

　組織成員にとって組織外部からの評価は、組織自体だけでなく組織で働く者たちにとって重要であると感じられた。とりわけ、顧客からの肯定的な評価は、組織成員の自尊感情を高め、組織の成員であるという意識を高めていると考えられた。このカテゴリーに含まれる発言からは、顧客からの組織評価が組織には重要であり、その評価が肯定的なものであればあるほど、それは成員自身の喜びにつながると考えられた。このサブカテゴリーには以下のような記述がみられた。

《発言例》

「18.9 他の人はどうか知りませんけど，B社で働いている実感というのは，お客さまなしでは語れないような気がします。お客さまがあって成り立っている商売ですからね。これは，僕等が飲食店に行った時にも，そうは変わらないことだと思うのですよ。おいしいものを食べに行った時に，従業員の態度が良くなければ料理もおいしくなくなる。まあ，飲食店であれば，おいしいものを出すという部分があるので，そこは相殺される部分があるのはいいとは思うのですけど。B社の場合は，鮮度とかおいしいものとか，多少値段が高くても，その価格以上の価値ある商品が提供されているという部分で，あとは従業員の，細かいですけど従業員の一挙手一投足がお客さまからの期待に応えられれば，良いのじゃないかなと思うのですけどね」

「22.2(多くのお客さまが当社を支持してくれるのは)行動規範や経営理念に沿って働いているということを評価されているということだと思うのですよ。もちろん，お客さんは当社の理念とか規範を知らないとは思うのですけどね。お客さんが来ればすぐに対応ができるとか，電話が鳴ればすぐに出るとか，そうした単純な行動を評価されているのかと思うので，B社らしさが満たされているのかなと思うのです」

(2) 他と比較した組織の優位性

　自社を肯定的に捉えようとする場面では，他社との比較に関する発言が大きな部分を占めていた。その中では，他社の否定的な部分を強調し，自社の成員がいかに優れているかについて語られた。その上で，自社が他と比較して優れているかが語られていた。

　また，それらは競合他社に限らず，あらゆる業種・業態において，自社との比較が行われていた。従業員は自社の正当性を確認しようとする動機が生じ，あらゆる場面で他との比較を行うと考えられた。このカテゴリーに含まれる発言からは，成員が常に外集団を意識していると考えられる。また，外集団と比較する理由については，自分の職務に活かそうとする者もいるが，その多くは内集団を肯定的に捉えようとする意図があると考えられた。

第2章　従業員は組織をどのように捉えているのか
　　　　　－組織アイデンティフィケーションのプロセス－

《発言例》

「16.8　そうですね。たとえば、どんなものを作って売っているのかが知りたいの
で、よその店に行くでしょ。例えば、デパートに行っても、地下をうろうろしてど
んなことをやっているか見に行くのですよ。その時にやっぱり、B社の誇りが感じ
られるのですよ。たとえば、駅の地下にもY社の店がありますよね、そういうとこ
ろに行って、並んでいる商品を見て、その時間帯の顧客さんの入り具合を見て、当
社の方が勝っているなという実感がありますね」

「5.8　鮮度だとか値段とか比較して、もちろんそこの従業員さんのサービスや雰囲
気なんかも、ジッと見るわけじゃないですけどね。スーパーだけじゃなくてデパー
トとか、飲食店とかサービス業一般は、何かチェックしてしまいますよね」

(3)　組織の魅力

　組織成員は、これまで社会的経験や外部からの評価を基に、組織に対する
肯定的なイメージを持っていた。その組織のイメージの多くは、自己の経験
に基づくものだけでなく、顧客など組織外部から組織がどのようなイメージ
を持たれているかという知覚が大きく影響を及ぼしていた。それらの影響を
受けた組織成員は、自己を内集団にカテゴリー化することによって、内集団
びいきが生じると考えられる。すなわち、顧客など外部からの組織への肯定
的な評価によってもたらされる組織イメージは、組織成員個々が持つ組織に
対するイメージを組織の魅力に変化させるといえる。

《発言例》

「3.2　B社自体は、最初は(商品が)高いイメージがあったのです。でも、えってみ
ると、新鮮なものも置いているし、B社にしかないものもあるし、よそにはないも
のがあるというのが、いいかな。ここで働いていなかったら、B社には買い物に来
ていないと思うのですよ。・・・。本当に、最初は『高い』というイメージしかなく
て、ちょっと高級なスーパーのイメージだったのですよ。で、あまり行ったことも
なかったし、どんなんだろう、という考えしか持っていなかったです。今はここで

働いていますから、B社に誇りは持っていますけどね」

「5.6　主婦の目から見るとね、すごい大きなスーパーではなくて、それでいて小さくもないスーパーなので、すごく中途半端なのだけど、地域のお客さんと接するというか、親しみがあるスーパーなんじゃないかなと感じています。それがB社らしさだと思いますね。遠くから来るわけじゃない、近隣のお客さんが来るわけだし、お客さんと会話したり、一言しゃべったりだとかして、会話ができながら楽しく買い物もしてもらえるという、そんなスーパーじゃないかなと思うのですね。だから、フレンドリーさとか、リレーションとか、アメニティ、快適な売場って重要なのですよ」

２）成員としての自己意識

　このカテゴリーは、組織の一員であることで感じられる感情や態度を表しており、〈Ba 組織成員であることで得られる自尊感情〉〈Bb 成員イメージの参照〉〈Bc 組織成員であることの意識〉の３つのサブカテゴリーから構成されていた。

（1）組織成員であることで得られる自尊感情
　このサブカテゴリーは、組織の一員であることによって、自尊感情が高まることが示されていた。それらは主に、顧客との関係から生じる喜びによって、自尊感情が高められていた。これらによって、組織に対する関心が高まり組織成員であることに高いプライドを感じていた。

《発言例》
「7.16　ここにいるから成長させてもらっているのだと思うのです。それは、会社と私が合うとか、合わないというのもあるのでしょうね。だから、自分だけが走っていても仕方ないし、会社だけが走っていてもしょうがないしですね」

「19.1 (B社らしい人といわれると)率直に、うれしいですね。この地域にいる人の

第2章　従業員は組織をどのように捉えているのか
　　　　　　　－組織アイデンティフィケーションのプロセス－

多くのB社に持っているイメージというのが、綺麗、清潔、店員さんの態度がいいとか、評価に関しては良いものをいただいているので、それを自分に置き換えてもらえるのであれば、うれしいというか、光栄ですね」

(2)　成員イメージの参照

　組織成員としての行動が評価されることによって自尊心が高まった成員は、他の成員の言動を組織のステレオタイプとして捉えていた。組織成員のステレオタイプを認知することによって組織の従業員イメージが形成されていた。その結果、組織成員は同じような問題意識を持ち、同じような価値観を持っている集団であると感じていた。そして、自分がそのイメージに近づいているか否かを確認していた。それらは、組織成員として相応しいかどうかについての判断基準となっていると考えられる。

《発言例》

「19.3　ここの店でいえば、まだまだ足りない部分があるのではないかな、少し違うなという人もいるとは思いますけど、お店全体で見れば、みんな同じような人の集まりのように思います」

「17.2　　B社の従業員を何人も見てきましたけど、採用に一貫性があったかどうかは知らないのですけど、どっちかというとフレンドリーな人が多いように思います」

(3)　組織成員であることの意識

　他社との比較や外部からの組織の評判などから組織の魅力を確信した従業員は、顧客との接点から組織の一員であることに誇りを感じていた。そして、組織成員であることによって自分自身の成長感や有能感を得ることができるため、組織成員としての自覚を深めていた。

《発言例》

「2.5　ですから、その店らしさというのは、お客さんがいる時にどのように対応し

ているかでわかると思うのです。良くても悪くても B 社という看板は表に出ますの
でね。誰かひとり良いことをしても B 社の名前が表に出るし、誰か悪いことをして
も B 社の名前が表に出るわけですから。ですから、私いつも思っているのですけど、
何かやってしまってからでは遅い、あなたがやってしまったことは、あなたがやっ
たことじゃないよ、B 社がやったことだよって、今の新しい人たちにはよくいうの
ですよ」

「13.6　ここで働いてから 10 年にもなるので、店にいる時には、B 社で働いてい
るという実感することはあまりないように思いますね。当たり前になっているので
しょうね。でもね、外出している時とかに、お客さんから声を掛けられることがあ
るのですね。『あなた、どこかでお目にかかったような・・・』って声を掛けられる
のです。その時には『B 社ですよ』っていうことがあるのですね。そうした時には
B 社を代表しているというか、B 社を意識しますね」

3）組織価値の内在化

　このカテゴリーは、組織の価値観を内面化していき、組織と個人が一体化
する過程を表しており、〈Ca 組織価値の受容〉〈Cb 組織価値に沿った行動〉
〈Cc 組織との一体化〉の３つのサブカテゴリーから構成されていた。

(1)　組織価値の受容

　組織成員に求められるものを組織の規範などから、「自分はどうあるべき
か」を自分自身で解釈し、それらを自分の言葉で表していた。それは個人レ
ベルで言葉そのものは相違しているものもあったが、組織の価値観を受け入
れ、内集団成員間で価値観の共有化が行われていた。こうした組織価値の受
容と共有化が繰り返されることで、個人は組織価値観を内面化していくと考
えられた。

《発言例》
　「16.2　行動規範の中にフレンドリーというのがあって、それが、私たちのひとつ

第2章　従業員は組織をどのように捉えているのか
　　　　　　　－組織アイデンティフィケーションのプロセス－

の目標になっていますけど、そういうことが自然に体で現せることですね。他にも品質などの規範があって、これは技術を高めることでクリアーしていかなくてはいけないと思っていますね。私はこの行動規範が非常に重要だと思っていて、これこそが私たちの基本だと思っています。企業理念が毎日の行動の基本だと思うし、私たちは、それを常に磨いていくしかないのだと思っています。やはり、企業理念が違うと思いますね。すばらしい理念があれば、それに従って教育も行われると思うのですよ。人材育成にしても人事関係にしても、やっぱり目標というか、企業理念は目標ですからね。そういうものがきちっとあって、体系的になっていれば、すべての技術でも継承されるし、どのスタイルがB社にとって重要かということが明確になって、ぶれることがないですよね。それに、経営理念が商品にも反映されているのだと思うのですね。今の経営理念があれば、会社は大丈夫だと思うのですよ、私の経験上ですけど。それがないと(企業は)ダメですね。(後略)」

「30.2　これって(鮮度感)、商品にはもちろん要求されるのですけど、人にも要求されているのだと思うのですよ。ですから、両方(商品と人)の鮮度感が要求されているわけで、片方では成り立たないと思うのです。その両方が保たれてはじめてB社らしさができるのだと思うのですよ」

(2)　組織価値に沿った行動

　B社の従業員はクレドといわれる理念や行動規範が掲載された小さなカードを携帯していた。また、社内には経営理念が書かれたポスターやプレートが従業員の目の届く範囲に掲示され、朝礼や会議などが開始される前には全員が唱和していた。組織の価値観の受け入れは、それらに沿った行動を自らが実践するだけでなく、組織内他者の行動を模倣することや他の組織成員のそうした行動を見るというような代理経験によっても、組織の価値観を受容し行動していた。

《発言例》
「21.7　会社のイメージには企業理念や行動規範も関係していると思いますよ。お

客さまに親切に接客してほしい・・・。私はそう思いますけど。(中略)かっこいい言い方をすると、企業理念や行動規範を基に私たちは仕事をしているというところもあります。その理念に沿って商品を仕入れ、お客さんに喜ばれる商品なのか会社の理念と合致した商品なのかということを考えながら仕事をしているので、理念や規範が私たちの仕事のモトなのです」

「3.6　はじめは毎日々朝礼で経営理念と行動規範を唱和するのですが、きっとそれが頭の中に残っていて、誰かがそれに基づいた行動をすると、みんな違和感なくまねをするようになるのでしょうね。それが当たり前なのだと思うようになるのですよ」

「6.4　そこに行動規範とかのポスターがあるじゃないですか、あれが『らしさ』に関係しているんじゃないですかね。そういうのは、よその会社にもあるのかなと思ったりしますし、他と比べる部分もあって、行動規範とかはあった方がいいのかなと思いますね。やっぱり、接客をする場面でも、ふと頭に浮かぶ部分もあるし、行動規範を読んでいて『あっ』と思う部分もありますよ」

(3)　組織との一体化

　このサブカテゴリーは、組織の価値観を受容した組織成員が、組織の価値観と自己の価値観とが統合されている語りが含まれていた。すなわち、組織イメージと自己のイメージを重ね合わせることによって、組織の評価は自分自身の評価でもあり、自分の評価は組織の評価でもあると考えられていた。

《発言例》

　「12.6　だから、私の評価はB社の評価であり、B社の評価は私の評価でもあるように思います。私の場合は、B社にいることが非常に誇らしいと思っていますから」

　「31.4　それで、私がB社で働いていることで、会社以外の人もB社のイメージで私を見てくれているというか、評価してくれていると思うのですよ。だから、私の

第2章　従業員は組織をどのように捉えているのか
　　　　－組織アイデンティフィケーションのプロセス－

イメージは B 社のイメージと同じだと思うのです」

２．５　各カテゴリーとサブカテゴリー間の関係性

　結果に示したように、個人の組織との関わりを研究参加者がどのように捉
えているのか、また、なぜそのような心理状態となるのかについての語りを
９のサブカテゴリーに分類し、それらをさらに３つのカテゴリーに分類した。
　質的記述的分析の結果、まず、個人と組織の関係に対する心的変化の過程
は、組織のイメージに左右される。そして、そのイメージを肯定的に捉えよ
うとすることが原因となって、従業員は組織の一員であるという意識を高め、
その社会的アイデンティティを獲得・維持しようとするために組織価値を内
在化しようとするとの解釈が可能である。この結果を参考に、その過程を図
２‐１のように作成し、従業員の組織に対する同一視について構造化を試みた。
図２‐１の中には、３つのカテゴリーとカテゴリー内の３つのサブカテゴリー
を配置した。以下では、それらの３つのカテゴリーがどのように位置づけら
れ、どのような意味を持つのかについて考察する。

１）組織の肯定的なイメージ

　【組織の肯定的なイメージ】のカテゴリーは、組織成員が組織を同一視す
る前提条件であると考えられる。すなわち、自らが属する組織が顧客などの
外部からどのように評価されているかを知ることは、自己の組織に対するイ
メージを決定するために多大な影響を及ぼすと考えられる。また、成員自ら
が外集団と内集団を比較することによって感じ取れる自社の優れている点は、
組織の魅力となっていると考えられる。
　社会的アイデンティティ理論では、内集団びいきやそこから生じる外集団
差別といった集団間認知における諸現象は、内集団と外集団の社会的比較を
通じて内集団を肯定的に評価するべく、他の集団との区別をしようと動機づ
けられるためだとしており、この【組織の肯定的なイメージ】は、成員と組
織との関係性に決定的な影響を及ぼす要因であると考えられる。

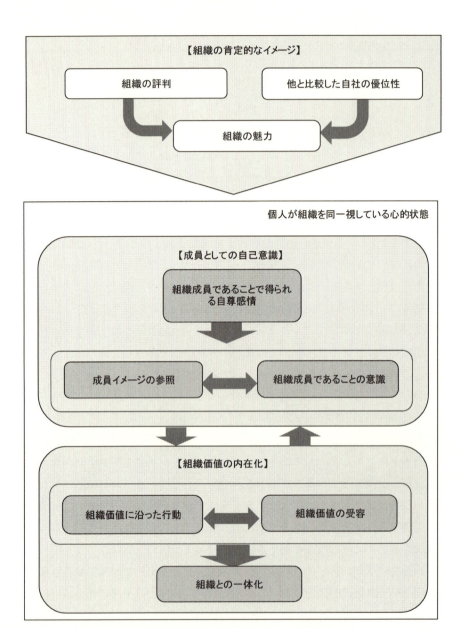

図2-1　サブカテゴリーおよびカテゴリー間の関係の図解化

第2章 従業員は組織をどのように捉えているのか
－組織アイデンティフィケーションのプロセス－

２）成員としての自己意識

　【成員としての自己意識】のカテゴリーでは、組織の肯定的なイメージを認知した個人が、組織成員としてのプライドを高め、組織成員としての自己認識を高めるプロセスである。外部からの肯定的な組織の評価は、組織に所属している個人の行動の評価でもあるため、個人の自尊感情を高めると考えられる。それだけでなく、自尊感情の高まりは自己の社会的アイデンティティの獲得にも大きな影響を及ぼすといえるであろう。そのため、成員は組織成員のステレオタイプをみいだし、自己も組織成員としてステレオタイプ化すると考えられる。このような一連の関連性によって、組織の成員としての意識が高まると考えられる。

３）組織価値の内在化

　【組織価値の内在化】のカテゴリーは、成員としての自己意識が高まった個人が、組織価値の受容や組織価値に沿った行動をとることで、組織との一体感を得るプロセスである。組織成員のステレオタイプは組織の価値観を反映しているものであるため、個人が社会的アイデンティティを確立するためには組織の価値観に沿った行動が重要であると考えられる。なぜなら、組織価値に沿った個人の行動が評価の対象となっているからである。これらの組織価値の受容によって個人と組織の一体化が進み、個人の組織に対する同一視が一定のレベルに到達した時に社会的アイデンティティが確立し、個人の自己概念の一部となると考えられる。

　以上のように【成員としての自己意識】と【組織価値の内在化】には密接な関係がある。これらを時系列で表すとすれば【成員としての自己意識】が高まることで、【組織価値の内在化】のプロセスが起こると考えられる。しかし、逆に、組織価値を内在化し行動することによって、成員としての自己意識が高まる可能性もある。このように考えると、【成員としての自己意識】と【組織価値の内在化】は、相互に関係しあいながら組織に対する心理状態が形成されると考えられる。これらのインタビュー調査に基づいた質的な分析の結果から、本書では【成員としての自己意識】と【組織価値の内在化】が

65

相互に作用しながら形成される心理状態を組織アイデンティフィケーションとすることにした。以上より、本書では、組織アイデンティフィケーションを「組織価値の内在化を伴う組織成員としての認知による組織との絆の強さ」と定義する。

また、抽出された3つのカテゴリーは、経営理念といわれる組織の価値観と密接に関係していた。経営理念の機能には、企業の存在意義や経営ビジョンを示すことや経営目的や具体的指針を示し、従業員全体の一体化や組織文化の良質化、従業員の動機づけなどに関する機能があり、組織の従業員の働き方に影響を及ぼすとされる(たとえば、久保・広田・宮島, 2005 など)。組織アイデンティフィケーションという概念は、組織の価値観を自己の価値観に取り込むことができるか否か、双方の価値観を一致させることができるか否かを問うことといえるのかもしれない。

4） 本書の研究枠組みの導出

本章における質的研究の結果、抽出されたカテゴリー間の関連性と、研究参加者のパフォーマンスが組織から高く評価されているという特性を考慮し、図2-2の分析枠組みが検討された。このモデルは、組織の肯定的なイメージが組織アイデンティフィケーションに影響を及ぼし、さらに組織の肯定的なイメージの知覚に影響を受けた組織アイデンティフィケーションが、組織成員のパフォーマンスに影響を及ぼすというモデルである。社会的アイデンティティの獲得の要因は単純なカテゴリー化であること、また、人は社会的アイデンティティを獲得するために努力することという社会的アイデンティテ

図2-2　本書分析枠組み

第2章　従業員は組織をどのように捉えているのか
　　　　－組織アイデンティフィケーションのプロセス－

ィ理論の前提を考慮すると、このモデルは個人と組織との関係の本質的な関
係性を表していると考えられる。

　以降の研究では、図2-2の分析モデルに基づいて研究をすすめ、個人の組
織に対する帰属意識としての組織アイデンティフィケーションの有効性につ
いて、複数の量的データに基づいて実証的に検討することにする。

第3章
組織アイデンティフィケーション尺度の
開発と信頼性・妥当性の検討

3．1　尺度開発の必要性

　社会的アイデンティティ理論アプローチによる組織アイデンティフィケーション研究では、成員の組織アイデンティフィケーションが高まることで、成員の行動は組織にとって望ましいものに結びつくことが示されている (Ashforth & Mael, 1989; van Dick, 2001 など)。前章の従業員のインタビュー調査に基づく質的研究においても、パフォーマンスレベルが高いと考えられる従業員は、組織を同一視している度合いが高いと考えられた。このことは、組織アイデンティフィケーションは自己の側面から組織に対する帰属意識を検討する上で、有益な概念であることを裏付ける結果である。

　しかし、第1章でも指摘したとおり、いかに組織アイデンティフィケーションを測定するかについて、これまで多くの尺度が開発されているが、それらに組織アイデンティフィケーションの概念そのものが反映されていないなどの批判的な研究もみられる (van Dick, 2001; Riketta, 2005; Edwards & Peccei, 2007 など)。たとえば、Cheney (1983) は 25 項目の組織アイデンティフィケーション尺度を開発している。しかし、その尺度にはインボルブメント、組織市民行動、残留意向などの様々な概念が含まれていることが指摘されている (Edwards & Peccei, 2007 など)。また、Brown, Condor, Mathews, Wade, & Williams (1986) は、10 項目から構成される尺度を開発している。しかし、質問項目は情緒的要素が強いばかりでなく、組織コミットメントとの弁別性に乏しく、信頼性係数も $\alpha = .71$ と決して高いとはいえない。さらに、Mael & Ashforth (1992) は、6 項目から構成される組織アイデンティフィケーション尺度を開発している。しかし、彼らが認知的な側面に

焦点を当て"組織との一体感や帰属していることに対する認知"と組織アイデンティフィケーションを定義しているにもかかわらず、質問項目は情緒的要因に関する質問のみで構成されているという指摘もある（van Dick, 2001など）。また、Shamir & Kark（2004）のように組織アイデンティフィケーションを1項目で測定しようとする試みもみられるが、測定の簡便性は認められるものの、尺度の信頼性や妥当性の乏しさという根本的な問題はぬぐい去れない。

　組織アイデンティフィケーションに関する先行研究をレビューしたEdwards & Peccei（2007）は、組織アイデンティフィケーションを"個人の情緒的かつ認知的な組織との絆の強さ"と定義し、"カテゴリー化""価値と目標の共有化""愛着"という3つの構成概念を想定した6項目の尺度を開発している。その結果、確認的因子分析では3因子モデルの適合度が高いとされたが、各項目間には強い内部相関が存在することから、実際の測定においては6項目の1つの尺度として取り扱うことが適当であることを報告している。

　組織アイデンティフィケーションに関する先行研究のメタ分析を行ったRiketta（2005）は、組織アイデンティフィケーションと職務態度および職務行動にはポジティブな関係性がみられるが、先行研究に用いられた組織アイデンティフィケーション尺度から得られる結果には一貫性が乏しいことを報告している。このことは、組織アイデンティフィケーションの測定に用いられている尺度に関して、改めて検討の必要性があることを示唆している。このような組織アイデンティフィケーションの測定の問題は、その多くが組織アイデンティフィケーションとはどのような心理状態なのかという本質的な問題を反映しているといえる。前章では、組織アイデンティフィケーションとはどのような心理状態なのかについて検討するために、従業員へのインタビュー調査を行い、組織アイデンティフィケーションという心理状態は、"組織成員としての自己認知""組織価値の内在化"によって構成されると考えられた。

　以上の議論から、本章では第2章の逐語データと先行研究の尺度を参考に、

より現場の実態に則した組織アイデンティフィケーション尺度を開発し、その尺度の信頼性と妥当性を検証することにした。

3.2　尺度開発のための仮説設定

　組織アイデンティフィケーションに関する先行研究からは、いくつかの職務態度や職務行動との関係が報告されている。本章では、これらの先行研究を用いた Riketta（2005）のメタ分析の結果から、組織アイデンティフィケーションとの関連性が認められる職務満足感、離転職意向、ジョブ・インボルブメントの３つの概念を組織アイデンティフィケーション尺度の妥当性の指標とし、それぞれの関係について仮説を設定することにした。

1）職務満足感との関係性仮説

　組織アイデンティフィケーションは自己概念の中に組織をどのように位置づけるかという考えに基づいているため、仕事に関する固有の環境についての満足感である職務満足感との関連性は詳細に検討されているわけではない（van Knippenberg, 2000）。Pratt（1998）は、組織アイデンティフィケーションにおける満足感は、組織成員であるという認知を自己概念に統合するという、心の中に根付いた満足感であるとしており、職務満足感とは異質であると考えている。しかし、Riketta（2005）の組織アイデンティフィケーションに関する先行研究のメタ分析では、組織アイデンティフィケーションと職務満足感の間には $r=.54$ の有意な相関があることが報告されている。近年の組織アイデンティフィケーション研究の基礎となっている社会的アイデンティティ理論では、人は肯定的な自尊心を得るため、あるいは肯定的な自尊心を維持するために動機づけられることを前提としている（柿木, 2001）。そのため、人は社会的アイデンティティ獲得のために現在所属している集団をより肯定的なものとして捉えるよう努力すると考えられている。すなわち、人は社会的アイデンティティ獲得のために、現在の仕事に関する固有の環境に対する職務満足感をも高めようとすると考えられる。

第3章　組織アイデンティフィケーション尺度の開発と信頼性・妥当性の検討

　以上の議論から、新たに作成した組織アイデンティフィケーション尺度と職務満足感とはポジティブな関係にあることが推測されることから、以下の仮説を設定した。

　仮説1　組織アイデンティフィケーションと職務満足感との間には正の
　　　　　相関が認められるであろう。

2）離転職意向との関係性仮説

　近年の組織アイデンティフィケーション研究のアプローチ方法となっている社会的アイデンティティ理論では、人は自分が何者であるかというアイデンティティのほとんどを自分が属する社会集団から引き出しており、自己をその集団に含めることで肯定的な社会的アイデンティティを達成し維持しようとするとされる（Tajfel, 1976）。このような考えに基づいている組織アイデンティフィケーションは、コミットメントのように組織成員であり続けたいという願望との関係が想定されているわけではない。もちろん、自己が組織成員であることを定義付けすることに違和感があれば、離転職意向が高まる可能性もあると考えられる。実証研究では、組織アイデンティフィケーションと離転職意向には負の関係があるとされる（Abrams, Ando, & Hinkle, 1998; van Dick, Wagner, Stellmacher, & Christ, 2004）。また、Riketta（2005）の先行研究のメタ分析でも、組織アイデンティフィケーションと離転職意向の間には $r =$ -.48 の有意な負の相関があることが報告されており、新たに作成した組織アイデンティフィケーション尺度と離転職意向には負の相関関係があることが予想される。以上のことから、仮説2を設定した。

　仮説2　組織アイデンティフィケーションと離転職意向との間には負の
　　　　　相関が認められるであろう。

3）ジョブ・インボルブメントとの関係性仮説

　前述のとおり、組織アイデンティフィケーションが高まることで、組織内他者との協力や組織目標に基づいた意思決定を下すなどの組織にとって望ま

しい行動に結びつくことが指摘されている（Ashforth & Mael, 1989; van Dick, 2001 など）。Riketta (2005) のメタ分析では、組織アイデンティフィケーションとジョブ・インボルブメントとの間には $r=.61$ の有意な相関があることが示されている。その他にも、Katrinli, Atabay, Gunay, & Gunerri (2008)は、私立病院の看護師を対象に、組織アイデンティフィケーションとジョブ・インボルブメントの関係を検討した結果、両者には $r=.42$ の有意な相関が認められたことを報告している。

　ジョブ・インボルブメントとは、"仕事がその人にとって中心となっており重要である度合い"(Dubin, 1956)や"仕事の成果が自尊心に影響する程度"(Lodahl & Kejner, 1965)などと定義される。すなわち、ジョブ・インボルブメントとは職務に対する関与の程度であり、組織の生産性を高める概念である。Brown (1996) は、ジョブ・インボルブメントに関する先行研究のメタ分析を実施し、関連変数との関係を検討している。その結果、年齢、勤続年数などのデモグラフィック変数の他、ジョブ・インボルブメントは、欠席、離転職、パフォーマンス、職務満足感、コミットメントなど、職務に関する多くのアウトカムに影響を及ぼすとしている。ジョブ・インボルブメントは、組織アイデンティフィケーションとの関連性が指摘される職務満足感や組織コミットメントなどと有意な関係も確認されていることから、組織アイデンティフィケーションについても、正の相関があると考えられる。また、Efraty, Sirgy, & Claiborne (1991)は、組織アイデンティフィケーションにはジョブ・インボルブメントを高める機能があることを実証研究に基づいて報告しており、組織アイデンティフィケーションとジョブ・インボルブメントの関連性が高いと考えられる。

　以上の議論から、組織アイデンティフィケーションの水準が高い者は、職務に対する関与の程度が高いことが予想されるため、組織アイデンティフィケーション尺度の開発についての仮説3を設定した。

　仮説3　組織アイデンティフィケーションとジョブ・インボルブメントの
　　　　　間には正の相関が認められるであろう。

３．３　尺度開発のための調査の概要

１）調査手続き

　A県を中心に店舗展開するスーパーマーケットＢ社の51店舗の従業員2,487名に質問票が配布された。対象組織の各店舗の従業員に対して趣旨説明を掲載した質問紙を配布し、無記名で回答を求めた。質問紙は個々が封入した上で各店の回収箱に投函し、調査期間最終日に店舗ごとに回収された。すべての質問に回答したものを有効回答とした結果、1,899 データが有効回答（76.3％）であった。なお、調査期間は2009年10月1日から2009年10月30日であった。

２）使用した質問項目

(1) 組織アイデンティフィケーション

　組織アイデンティフィケーションに関する質問項目は、前章の逐語録と先行研究で用いられた尺度（Brown *et. al.*, 1986; Meal & Ashforth, 1992; Shamir & Kark, 2004; Edwards & Peccei, 2007）を参考に検討された。同じ内容であると判断される質問項目を除外し、最終的に「この会社で働いていることは、わたしのイメージを決める大きな要因だ」「この会社の目標は、わたしが目指している目標と同じだ」「この会社が事業で成功すると自分のことのようにうれしい」などの合計 11 項目を分析に用いた。

(2) 職務満足感

　職務満足感は先行研究などから「今の仕事が好きである」「現在の仕事に満足している」などの４項目を作成し、合計得点を分析に用いた。

(3) 離転職意向

　離転職意向を測定する質問項目は、「わたしは、直ぐにでもこの会社を辞めたい」と「半年後、わたしはこの会社にいないであろう」の２項目を作成し、合計得点を分析に用いた。

(4) ジョブ・インボルブメント

　日本労働研究機構（1991）が開発したジョブ・インボルブメント尺度を用いた。この尺度は、先行研究におけるジョブ・インボルブメント尺度を参考に、認知的要素、情緒的要素、内発的動機づけ要素を含む質問項目を取り除いて開発されたものである。質問項目は「現在の仕事で時間がたつのも忘れてしまうほど熱中することがある」「今の仕事が生きがいである」「今のわたしにとって最も重要なことが、今の仕事に密接に関係している」「最も充実していると感じられるのは、仕事をしている時である」など7項目1因子で構成されている。この尺度の信頼性係数は $\alpha = .87$ であり、妥当性も検証されているため、本研究では、この尺度の合計得点を分析に用いた。

　以上の質問の回答はすべての項目に対して、あてはまらない（1点）〜あてはまる（5点)の5件法とした。

3）組織アイデンティフィケーション尺度開発における分析方法

　組織アイデンティフィケーション尺度の信頼性と妥当性の検証のため、全サンプルについて乱数を用いサンプルAとサンプルBの2群に分割した(表3-1)。

表3-1　サンプルの属性

属性		全体		サンプルA		サンプルB	
		N	構成比	N	構成比	N	構成比
雇用形態	正社員	320	16.9%	166	17.9%	154	15.8%
	パートタイマー	1,579	83.1%	760	82.1%	819	84.2%
性別	男性	395	20.8%	188	20.3%	207	21.3%
	女性	1,504	79.2%	738	79.7%	766	78.7%
項目	平均値と標準偏差	M	SD	M	SD	M	SD
	年齢	42.77	(±13.2)	42.61	(±13.4)	42.92	(±13.0)
	勤続年数	5.84	(±5.6)	5.68	(±5.4)	5.99	(±5.8)

第3章　組織アイデンティフィケーション尺度の開発と信頼性・妥当性の検討

　同一母集団から抽出されたサンプル A および B について、雇用形態、性別、勤続年数、年齢などに有意差はみられなかったことから、まず、サンプル A において、組織アイデンティフィケーション尺度の因子構造確認のための探索的因子分析を行い、尺度の信頼性を確認した。つぎに、サンプル B において、サンプル A で得られた組織アイデンティフィケーション尺度のモデルの適合性を確認し、同時に測定された諸変数との相関係数を算出し妥当性の検証を行った。

３．４　分析の結果

１）組織アイデンティフィケーション尺度の因子構造と信頼性

　サンプル A において、組織アイデンティフィケーション尺度の因子構造確認のための探索的因子分析を行った。まず、組織アイデンティフィケーションに関する 11 項目について、平均値から標準偏差を減じた得点はすべて下限値以上であり、床効果を示す項目はみられなかった。また、平均値に標準偏差を加えた得点は、すべて上限値となる天井効果もみられなかった。つぎに、質問項目間の相関係数を算出し、相関係数が.75 を超える項目の一方を除外した結果、8 項目を最尤法・プロマックス回転法による因子分析に用いた。また、共通性について.40 を基準として、それを下回る 2 項目を分析から除外し、再度、最尤法・プロマックス回転による因子分析を行った。その結果、表 3 - 2 に示すとおり 1 因子解が最適であると判断した。因子は「この会社で働いていることは、わたしのイメージを決める大きな要因だ」などの認知に関する要素、「この会社の目標は、わたしが目指している目標と同じだ」などの内在化に関する要素などの 6 項目で構成されていた。因子分析で抽出された因子について Cronbach の信頼性係数を算出したところ、α＝.88 となり、尺度の信頼性が確認された。

表 3 - 2　組織同一視の因子分析結果　（最尤法：プロマックス回転）

項目	F1	h2
1　この会社で働いていることは、わたしのイメージを決める大きな要因だ	**.83**	.69
9　わたしとこの会社との間には，強い絆がある	**.78**	.60
8　この会社の目標は，わたしが目指している目標と同じだ	**.77**	.59
3　「あなたは《所属集団名》らしい人だね」と言われたら，とてもうれしい	**.76**	.57
2　この会社が事業で成功すると，自分のことのようにうれしい	**.69**	.47
10　「《所属集団名》の従業員なんだなあ」と実感することが多い	**.69**	.47

因子寄与率 (%)　　56.56

２）組織アイデンティフィケーションと外的変数の関係

　サンプル B を用いて組織アイデンティフィケーション尺度の妥当性を検討した。表3‑3は、サンプル B の分析に用いる質問項目の記述統計と相関係数であるが、項目間には有意な相関が示されていた。サンプル B を用い組織アイデンティフィケーション尺度の妥当性の検討をする前に、サンプル B においてもサンプル A で得られた一因子解が再現できるかについて確認するために Amos19 を用いた確認的因子分析を行った。その結果は図3‑1に示すとおり、適合度指標が GFI= .98、AGFI = .95、RMSEA = .08 となり、モデルの適合度は許容範囲であることが確認された。また、本研究に用いたデータには、正社員とパートタイマーのサンプル数に大きく差があるため、雇用形態別にモデルの適合度を検討した。その結果は、図3‑2および図3‑3に示すとおり、正社員モデルの適合度は GFI= .97、AGFI = .92、RMSEA = .07、パートタイマーモデルの適合度は GFI= .98、AGFI = .95、RMSEA = .08 となり、雇用形態別のモデル適合度も許容範囲内であった。

　サンプル B においても、サンプル A で得られた一因子解が再現され、尺度の信頼性が確認されたため、組織アイデンティフィケーション尺度の妥当性を検証するために外的変数と組織アイデンティフィケーション間の関係が検討された。まず、組織アイデンティフィケーションと職務満足感との関係性

第3章　組織アイデンティフィケーション尺度の開発と信頼性・妥当性の検討

表3-3　分析に用いた項目間の記述統計と相関係数　（その1）

	項目	M	SD	1	2	3	4	5	6
1	現在の仕事で時間がたつのも忘れてしまうほど熱中することがある	3.58	.85	-					
2	今の仕事が生きがいである	3.17	.87	.57***	-				
3	今のわたしにとって、この会社での仕事が生活のすべてである	2.84	.92	.37***	.60***	-			
4	今のわたしにとって最も重要なことが、今の仕事に密接に関係している	2.87	.85	.42***	.65***	.70***	-		
5	今の仕事から得られる満足感が一番大きい	3.03	.87	.46***	.68***	.64***	.70***	-	
6	今の仕事にのめりこんでいる	3.00	.84	.47***	.66***	.60***	.70***	.75***	-
7	最も充実していると感じられるのは、仕事をしているときである	3.04	.92	.45***	.65***	.59***	.64***	.69***	.68***
8	この会社で働いていることは、わたしのイメージを決める大きな要因だ	3.06	.78	.36***	.53***	.47***	.56***	.56***	.50***
9	「自分は《所属集団名》の人間なんだなあ」と実感することが多い	3.36	.77	.35***	.48***	.43***	.47***	.48***	.47***
10	「あなたは《所属集団名》らしい人だね」と言われたら、とてもうれしい	3.25	.81	.38***	.51***	.44***	.50***	.50***	.49***
11	この会社の目標は、わたしが目指している目標と同じだ	3.05	.73	.35***	.48***	.38***	.48***	.48***	.45***
12	わたしとこの会社との間には、強い絆がある	2.83	.80	.35***	.54***	.48***	.57***	.56***	.55***
13	この会社が事業で成功すると、自分のことのようにうれしい	3.62	.78	.46***	.48***	.34***	.39***	.45***	.42***
14	今の仕事が好きである	3.66	.78	.41***	.62***	.41***	.48***	.56***	.50***
15	現在の仕事に満足している	3.46	.84	.37***	.57***	.38***	.45***	.55***	.50***
16	今の仕事に喜びを感じる	3.36	.82	.42***	.66***	.45***	.55***	.63***	.58***
17	今の仕事にやりがいを感じる	3.47	.81	.43***	.63***	.42***	.53***	.61***	.56***
18	わたしは、直ぐにでもこの会社を辞めたい	2.19	.92	-.35***	-.42***	-.26***	-.28***	-.37***	-.33***
19	半年後、わたしはこの会社にいないだろう	2.25	.96	-.27***	-.30***	-.23***	-.23***	-.26***	-.24***

N=973

***$p<.001$

表3-3 分析に用いた項目間の記述統計と相関係数 （その2）

項目	M	SD	7	8	9	10	11	12
1 現在の仕事で時間がたつのも忘れてしまうほど熱中することがある	3.58	.85						
2 今の仕事が生きがいである	3.17	.87						
3 今のわたしにとって、この会社での仕事が生活のすべてである	2.84	.92						
4 今のわたしにとって最も重要なことが、今の仕事に密接に関係している	2.87	.85						
5 今の仕事から得られる満足感が一番大きい	3.03	.87						
6 今の仕事にのめりこんでいる	3.00	.84						
7 最も充実していると感じられるのは、仕事をしているときである	3.04	.92	-					
8 この会社で働いていることは、わたしのイメージを決める大きな要因だ	3.06	.78	.503 ***	-				
9 「自分は《所属集団名》の人間なんだなあ」と実感することが多い	3.36	.77	.446 ***	.499 ***	-			
10 「あなたは《所属集団名》らしいね」と言われたら、とてもうれしい	3.25	.81	.508 ***	.595 ***	.525 ***	-		
11 この会社の目標は、わたしが目指している目標と同じだ	3.05	.73	.435 ***	.625 ***	.466 ***	.510 ***	-	
12 わたしとこの会社との間には、強い絆がある	2.83	.80	.530 ***	.631 ***	.554 ***	.570 ***	.557 ***	-
13 この会社が事業で成功すると、自分のことのようにうれしい	3.62	.78	.422 ***	.498 ***	.498 ***	.553 ***	.527 ***	.501 ***
14 今の仕事が好きである	3.66	.78	.506 ***	.447 ***	.390 ***	.485 ***	.404 ***	.453 ***
15 現在の仕事に満足している	3.46	.84	.506 ***	.422 ***	.352 ***	.429 ***	.372 ***	.464 ***
16 今の仕事に喜びを感じる	3.36	.82	.563 ***	.499 ***	.417 ***	.498 ***	.440 ***	.513 ***
17 今の仕事にやりがいを感じる	3.47	.81	.555 ***	.464 ***	.434 ***	.473 ***	.401 ***	.487 ***
18 わたしは、直ぐにでもこの会社を辞めたい	2.19	.92	-.334 ***	-.301 ***	-.307 ***	-.335 ***	-.301 ***	-.269 ***
19 半年後、わたしはこの会社についていないだろう	2.25	.96	-.209 ***	-.240 ***	-.255 ***	-.244 ***	-.220 ***	-.202 ***

N=973

*** $p < .001$

第3章　組織アイデンティフィケーション尺度の開発と信頼性・妥当性の検討

表 3 - 3　分析に用いた項目間の記述統計と相関係数　（その 3 ）

	項目	M	SD	13	14	15	16	17	18
1	現在の仕事で時間がたつのも忘れてしまうほど熱中することがある	3.58	.85						
2	今の仕事が生きがいである	3.17	.87						
3	今のわたしにとって、この会社での仕事が生活のすべてである	2.84	.92						
4	今のわたしにとって最も重要なことが、今の仕事に密接に関係している	2.87	.85						
5	今の仕事から得られる満足感が一番大きい	3.03	.87						
6	今の仕事にのめりこんでいる	3.00	.84						
7	最も充実していると感じられるのは、仕事をしているときである	3.04	.92						
8	この会社で働いていることは、わたしのイメージを決める大きな要因だ	3.06	.78						
9	「自分は《所属集団名》の人間なんだ」と実感することが多い	3.36	.77						
10	「あなたは《所属集団名》らしい人だね」と言われたら、とてもうれしい	3.25	.81						
11	この会社の目標は、わたしが目指している目標と同じだ	3.05	.73						
12	わたしとこの会社との間には、強い絆がある	2.83	.80						
13	この会社が事業で成功すると、自分のことのようにうれしい	3.62	.78	-					
14	今の仕事が好きである	3.66	.78	.436 ***	-				
15	現在の仕事に満足している	3.46	.84	.386 ***	.771 ***	-			
16	今の仕事に喜びを感じる	3.36	.82	.443 ***	.767 ***	.783 ***	-		
17	今の仕事にやりがいを感じる	3.47	.81	.426 ***	.751 ***	.758 ***	.850 ***	-	
18	わたしは、直ぐにでもこの会社を辞めたい	2.19	.92	-.363 ***	-.490 ***	-.419 ***	-.461 ***	-.471 ***	-
19	半年後、わたしはこの会社にいないだろう	2.25	.96	-.295 ***	-.341 ***	-.319 ***	-.303 ***	-.335 ***	.657 ***

N=973
***p<.001

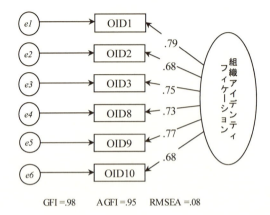

図3-1　サンプルB（フルモデル）の確認的因子分析の結果

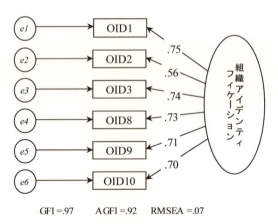

図3-2　サンプルB（正社員モデル）の確認的因子分析の結果

第3章　組織アイデンティフィケーション尺度の開発と信頼性・妥当性の検討

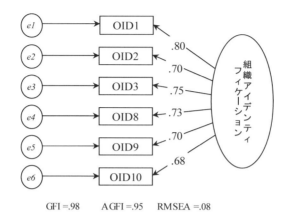

図3-3　サンプルB（パートタイマーモデル）の確認的因子分析の結果

表3-4　組織アイデンティフィケーションと主要変数間の相関分析の結果
（N=973）

	変数	M	SD	α	1	2	3
1	組織アイデンティフィケーション	19.17	3.67	.88	-		
2	職務満足感	13.96	2.98	.93	.61 ***	-	
3	離転職意向	4.45	1.72	.79	-.39 ***	-.47 ***	-
4	ジョブ・インボルブメント	21.54	4.96	.92	.73 ***	.69 ***	-.39 ***

***$p<.001$

表3-5　正社員の組織アイデンティフィケーションと主要変数間の相関分析の結果
（*N*=154）

変数	*M*	*SD*	*α*	1	2	3
1　組織アイデンティフィケーション	19.16	3.63	.85	-		
2　職務満足感	13.47	2.99	.94	.61 ***	-	
3　離転職意向	4.39	1.65	.84	-.42 ***	-.51 ***	-
4　ジョブ・インボルブメント	21.32	5.15	.91	.70 ***	.71 ***	-.44 ***

***p < .001

表3-6　パートタイマーの組織アイデンティフィケーションと主要変数間の
相関分析の結果（*N*=819）

変数	*M*	*SD*	*α*	1	2	3
1　組織アイデンティフィケーション	19.17	3.67	.88	-		
2　職務満足感	14.05	2.96	.93	.61 ***	-	
3　離転職意向	4.46	1.73	.79	-.38 ***	-.47 ***	-
4　ジョブ・インボルブメント	21.58	4.93	.93	.74 ***	.69 ***	-.39 ***

***p < .001

をみると、組織アイデンティフィケーションと職務満足感との相関係数は、
r = .61 の有意な正の相関を示していた(表 3-4)。また、雇用形態別の分析に
おいても、組織アイデンティフィケーションと職務満足感の相関係数は、正
社員、パートタイマーいずれも *r* = .61 であった(表 3-5、表 3-6)。

　つぎに、 組織アイデンティフィケーションと離転職意向との関係性をみ
ると、組織アイデンティフィケーションと離転職意向との相関係数は、*r* =
-.39 の有意な負の相関を示していた(表 3-4)。また、雇用形態別の分析におい

ても、組織アイデンティフィケーションと離転職意向の相関係数は、正社員が $r=-.42$、パートタイマーが $r=-.38$ となり、いずれも有意な負の相関が認められた(表3-5、表3-6)。

　最後に、組織アイデンティフィケーションとジョブ・インボルブメントとの関係性をみると、組織アイデンティフィケーションとジョブ・インボルブメントとの相関係数は $r=.73$ という、有意な正の相関がみられた(表3-4)。雇用形態別の分析においても、表3-5および表3-6に示すとおり、正社員では $r=.70$、パートタイマーでは $r=.74$ といずれも有意な正の相関がみられた。

3.5　考察

　本章では、組織アイデンティフィケーション尺度の開発とその尺度の信頼性と外的変数との関係から妥当性を検証するため、全サンプルについて乱数を用いA・Bに2分割して分析を行った。サンプルAでは、探索的因子分析によって尺度の開発を試みた。また、サンプルBでは、先行研究においても組織アイデンティフィケーションとの関連性が指摘される3つの外的変数との関係性から3つの仮説の検証を行った。以下では、それぞれの分析結果について考察する。

1)　組織アイデンティフィケーション尺度の信頼性

　サンプルAを用いた探索的因子分析の結果、1因子がみいだされた。1因子6項目の組織アイデンティフィケーション尺度の信頼性係数は $\alpha=.88$ を示し、尺度の内的一貫性が確認された。また、サンプルBにおいて、確認的因子分析を行ったところ、適合度の高いモデルであることが示された。

　尺度の項目には、認知的要素、内在化要素と考えられる質問項目が含まれており、組織アイデンティフィケーションが複数の要因で構成される概念であるとする先行研究の結果と符合している。この結果から、組織アイデンティフィケーションという概念は、組織成員であるという認知を中心とした概

念でありながらも、内在化要素が含まれる概念であるといえるであろう。

　この研究で開発された組織アイデンティフィケーション尺度は、Edwards & Peccei（2007）が専門性の高い職業である病院の医師や看護師を対象として組織アイデンティフィケーションを開発したのに対し、本研究での尺度開発は一般企業の正社員とパートタイマーを対象としており、広く一般組織への汎用の可能性があると考えられる。

2）組織アイデンティフィケーション尺度開発の仮説検証

　本章では、組織アイデンティフィケーション尺度の妥当性検証のために、組織アイデンティフィケーションと過去の組織アイデンティフィケーション研究からも関連性が指摘される外的変数との関係性について3つの仮説を設定した。

　まず、組織アイデンティフィケーションと職務満足感との間には $r=.61$ という中程度の正の相関が認められ、雇用形態別の分析においても、同様の相関がみられた。この結果、組織アイデンティフィケーションと職務満足感には正の相関があるという仮説1は支持された。組織アイデンティフィケーションと職務満足感の間の相関係数は、雇用形態別でも有意差はみられなかったことから、正社員とパートタイマーともに、新たに作成した組織アイデンティフィケーション尺度が職務満足感を予測する尺度として適しているといえる。

　この結果について考察すると、組織アイデンティフィケーションにおける満足感は、組織成員であるという認知を自己概念に統合するという、心の中に根付いた満足感であるとされ（Pratt, 1998）、職務満足感のような仕事に関する固有の環境への満足感とは異質であると考えられている。すなわち、組織成員が組織を同一視することによって得られる満足感とは、組織への所属から得られる安心感や威信の高い組織への所属によってもたらされる誇りなどに対する満足感であると考える。さらにいえば、組織アイデンティフィケーションにおける満足感とは、人間の帰属欲求や自尊感情を満たすことへの満足感であるといえるのかもしれない。社会的アイデンティティ理論では、

人は社会的アイデンティティを肯定的に捉えようとするため、内集団に優位な比較基準を用いて外集団との比較を行うなどの内集団びいきが生じるとされる。社会的アイデンティティ理論アプローチにおける組織アイデンティフィケーションのこのような原理が、仕事に関する固有の環境を肯定的に捉えさせ、結果として職務満足感が高まると推測される。

つぎに、組織アイデンティフィケーションと離転職意向との間には有意な負の相関がみられた。この結果、組織アイデンティフィケーションと離転職意向には負の相関があるという仮説2は支持された。雇用形態別の分析においても、組織アイデンティフィケーションと離転職意向の間には有意な負の相関がみられたことから、新たに作成した組織アイデンティフィケーション尺度が離転職を予測する尺度として適していると考えられる。これらの結果について考察すると、社会的アイデンティティ理論では、人はアイデンティティのほとんどを社会との関係から得ているとされ（Hogg & Abrams, 1988）、人は肯定的な自尊心を得るため、あるいは維持するために動機づけられることを前提としている（Tajfel, 1976）。そのため、人は肯定的な社会的アイデンティティを獲得し、維持するために努力するという原理がある（柿木, 1990）。逆に、否定的な社会的アイデンティティ、すなわち低い自尊心が植えつけられる場合は、人はそれを不快に思い、その状態を改めようと個人を動機づける（Hogg & Abrams, 1988）。以上のことから、自己が組織成員であることを肯定的に定義づけすることに違和感があり、その状態を改めようと努力してもなお、違和感がある場合において、離転職意向に負の影響を及ぼすと考えられる。

最後に、新たに作成した組織アイデンティフィケーション尺度とジョブ・インボルブメントの間には、有意な正の相関がみられたことから、組織アイデンティフィケーション尺度とジョブ・インボルブメントには正の相関があるという仮説3は支持された。Riketta (2005) のメタ分析では、組織アイデンティフィケーションとジョブ・インボルブメントとの間には有意な相関があるという結果が示されていたが、本研究で開発された組織アイデンティフィケーション尺度とジョブ・インボルブメントとの間にも正の相関関係があ

ることが示され、組織アイデンティフィケーションと組織成員の職務に対する関与は関連性が高く、組織の生産性を高める可能性が示唆された。

　以上の結果、本章の研究仮説はすべて支持され、開発された組織アイデンティフィケーション尺度の妥当性が確認されたといえる。雇用形態別の分析においても、同様の結果が得られたことから、新たに作成された組織アイデンティフィケーション尺度が組織の生産性を予測する尺度としても適していると考えられる。しかしながら、確認的因子分析では、潜在変数である組織アイデンティフィケーションから"この会社が事業で成功すると、自分のことのようにうれしい"という項目へのパス係数は、正社員よりも、むしろパートタイマーの方が高い値を示していた。また、外的変数との関係も正社員とパートタイマーでは違いがみられた。これの結果は、パートタイマーという働き方が賃金など報酬よりも、組織で働くことで獲得することができる社会的アイデンティティの獲得を重視している可能性が示唆される。すなわち、パートタイマーが、何らかの集団に属することによって社会的欲求を満たそうとして、入職が容易なパートタイマーという働き方を選択しているといえるのかもしれない。このことは、パートタイマーのほとんどが子育てを終えた女性であり、育児などから解放され何らかの社会的なつながりを求めている可能性も推測される。

　前述のとおり、社会的アイデンティティ理論では、人は肯定的な社会的アイデンティティを獲得し、それを維持するために努力するという原理があるとされ、組織アイデンティフィケーションを獲得しているという状態は、成員と成員が同一視している組織とが同じ方向に進むことであると解釈できる。成員は社会的なアイデンティティを維持するため、属している組織をより良くしようと行動も積極的に行われると推測される。

3．6　まとめ

　本章における分析の結果から、つぎの2つが確認された。第1に、新たに作成された組織アイデンティフィケーション尺度はその信頼性の観点から統

計上の必要な水準を充たしていたことである。そして、第2に組織アイデンティフィケーション尺度は関連が指摘される外的変数との関係性から、尺度の妥当性が確認されたことである。以上の結果から、本研究で開発された組織アイデンティフィケーション尺度は、組織成員の組織に対する帰属意識を検討するために利用することが可能であることが示された。

これまで、さまざまな組織アイデンティフィケーションの概念のもとで、多くの組織アイデンティフィケーション尺度の開発が行われてきた。しかし、これらの尺度は、組織アイデンティフィケーションの先行要因や結果変数との関係性には一貫性がないことが指摘されてきた。本章における組織アイデンティフィケーション尺度の開発は、わが国における雇用環境や就業形態を考慮した、より実態に即した尺度であり、パートタイマーなどの非正規労働者の組織に対する帰属意識を測定することが可能であると考えられ、今後の活用が期待される。

しかしながら、既に第1章でも触れたように、組織アイデンティフィケーションが抱える問題は尺度の問題だけではない。本研究の妥当性の検証に用いた外的変数は組織コミットメントとの関係性も指摘されている変数でもあり、先行研究では、組織アイデンティフィケーションは組織コミットメントの類似概念であるとの指摘もある（Riketta, 2005; Edwards, 2005 など）。

これらの問題について、つづく第4章では、本研究で開発された組織アイデンティフィケーション尺度を用いて、組織コミットメントと組織アイデンティフィケーションの概念が持つ本質的な相違点について検討され、組織アイデンティフィケーションという概念の特徴が明らかにされる。

第4章

組織アイデンティフィケーションと組織コミット
メントは何がどのように違うのか
－両概念の弁別性の検討－

4．1　本章の目的

　第3章では組織アイデンティフィケーション尺度が開発され、その信頼性
と妥当性が検討された。しかし、組織コミットメントと組織アイデンティフ
ィケーションは、双方ともに組織成員の組織に対する心理的な関係を表す概
念であり、それぞれの概念が成員の職務態度や職務行動に及ぼす影響の違い
は、必ずしも明確となっているわけではない。

　組織アイデンティフィケーションと組織コミットメントの理論的な相違
に関しては、組織アイデンティフィケーションが自己概念と組織との統合を
問題にしているのに対し、組織コミットメントはそうではない(Ashforth &
Meal, 1989)。また、組織アイデンティフィケーションは組織成員であること
を自己概念にどのように関連づけるかという認知を中心とした概念であるの
に対し、組織コミットメントは組織に対する態度である (Pratt、1998)。社
会的交換理論に基づいた組織コミットメントは、組織が提供する仕事の楽し
さや成員の職務への関与が原因となって、組織にとって望ましい成員の職務
態度や職務行動に結びつくとされる概念である (Mowday *et al.*, 1979;
Meyer & Allen, 1991) 。つまり、組織アイデンティフィケーションと組織コ
ミットメントの違いは、組織を自己概念にどのように位置づけるかという概
念と組織と個人とを対極に位置づけた交換関係にあるとする概念との相違で
あるといえ、それらが他の変数に及ぼす影響にも違いがあると考えられる。

　以上のことから、本章では、組織コミットメントと組織アイデンティフィ

第4章 組織アイデンティフィケーションと組織コミットメントは何がどのように違う
のか －両概念の弁別性の検討－

ケーションの弁別性を確認するため、双方の概念との関係性が認められる職
務態度や職務行動を取り上げ、それらとの関係を実証的に検証し、双方の概
念の相違点を明らかにすることを目的とした。

4.2 組織アイデンティフィケーションと組織コミット メントの概念比較

1)組織コミットメント、組織アイデンティフィケーションの理論の
　　特徴

　組織コミットメントには多くの研究蓄積があるが、代表的な定義は
Mowday et $al.$(1979)の"組織への同一視や関与の強さ"であろう。Mowday
et $al.$ (1979) の組織コミットメントは、情緒的な側面が強調されており、組
織目標や価値に対する強い信頼と受容、組織の代表として進んで努力する意
欲、組織の一員として留まりたいとする願望によって特徴づけられる。組織
コミットメントは情緒的な側面と功利的な側面とに分類されるが、近年では
より多次元で理解しようとする研究が多くみられる。たとえば、Meyer &
Allen(1991) は組織コミットメントを、情緒的コミットメント、存続的コミ
ットメント、規範的コミットメントの3つの下位概念によって構成される概
念であるとし、そのうち、情緒的コミットメントを、組織への情緒的な愛着、
組織への同一視、組織への関与であると定義している。

　社会的アイデンティティ理論を組織の文脈に取り入れた Ashforth & Mael
(1989) は、人が集団を同一視するためにはその集団の運命と心理的に結びつ
いていると認知するだけでよいとし、組織アイデンティフィケーションを組
織との一体感と組織に帰属していることに対する認知と定義した。Dutton,
Dukerich & Harquail (1994) も、組織アイデンティフィケーションを認知
的な概念として捉え、組織成員であるという認知が自己概念に統合される過
程と定義している。これらに共通していることは、組織アイデンティフィケ
ーションとは個人と組織との一体感や組織成員であるという認知によっても
たらされるという点である。このほかにも、組織アイデンティフィケーショ

ンの認知的な側面を強調した研究は数多くみられる（Rousseau, 1998; van Knippenberg & van Schie, 2000 など）。

　しかし、組織アイデンティフィケーションは認知的な側面のみでは説明することができないとし、愛着などの情緒的な側面にも着目した研究もみられる（Bergami & Bagozzi, 1996; Harquail, 1998; van Dick, 2001; Edwards, 2005 など）。Bergami & Bagozzi（1996）は、人が組織を同一視すると認知的な部分と情緒的な部分とが混在した心理的スキーマが生起し、このスキーマが組織への愛着を引き起こすと述べ、組織アイデンティフィケーションには認知的要素と情緒的要素があることを指摘している。Harquail（1998）も、自己をカテゴリーに分類するためには認知的な要素と情緒的な要素が相互に関係し合っていることを指摘し、組織アイデンティフィケーションを検討する上で情緒的な同一視と認知的な同一視を切り離すことはできないと述べている。

　一方、van Dick（2001）は、社会的アイデンティティ（Tajfel, 1978）の定義である"個人が情緒的および価値的な意味づけを伴って、ある社会集団に所属しているという認知"を参考に、組織アイデンティフィケーションには成員性の認知である認知的同一視とともに情緒的同一視が含まれることを指摘し、情緒的同一視と組織コミットメントの下位概念である情緒的コミットメントは類似した概念であるとした。第1章では組織アイデンティフィケーションに関する先行研究を検討し、組織コミットメントの下位概念である情緒的コミットメントと組織アイデンティフィケーションの構成概念には、双方ともに忠誠心、関与、内在化、愛着が含まれており、それらが組織アイデンティフィケーションと組織コミットメントが重複した概念であるとされる原因であることを指摘した。その他にも、多くの研究者が組織アイデンティフィケーションと組織コミットメントの重複性を指摘している（たとえば、van Knippenberg & van Schie, 2000; Edwards, 2005; Rikette, 2005 など）。

2）組織コミットメントと組織アイデンティフィケーションの相違点
　組織アイデンティフィケーションと組織コミットメントの相違に関して、

第4章　組織アイデンティフィケーションと組織コミットメントは何がどのように違う
　　　のか　－両概念の弁別性の検討－

Ashforth & Meal (1989) は、組織アイデンティフィケーションが自己概念と
組織との統合を問題にしているのに対し、組織コミットメントはそうではな
いと主張した。また、Pratt (1998) も、組織アイデンティフィケーションは
組織成員であることを自己概念にどのように関連づけるかという認知を中心
とした概念であるのに対し、組織コミットメントは組織に対する態度である
とし、両者が相違した概念であることを主張している。社会的交換理論に基
づいた組織コミットメントは、組織が提供する仕事の楽しさや成員の職務へ
の関与が原因となって、組織にとって望ましい成員の職務態度や職務行動に
結びつくとされる概念である (Mowday *et al.*, 1979; Meyer & Allen, 1997)。
すなわち、組織アイデンティフィケーションと組織コミットメントの違いは、
組織を自己概念にどのように位置づけるかという概念と組織と個人とを対極
に位置づけた交換関係にあるとする概念との相違であるといえ、それらが他
の変数に及ぼす影響にも違いがあることが想定される。

　実証研究においては、Meal & Tetrick (1992) が、組織コミットメント尺
度(Mowday *et al.*, 1979 以下「OCQ」)と 10 項目からなる組織アイデンティ
フィケーション尺度を用いた因子分析の結果、両者が別々の因子となって抽
出されたことを報告している。また、Gautam, van Dick, & Wagner (2004)
は、OIQ(Cheney, 1983) と OCQ (Mowday *et al.*, 1979) および組織コミッ
トメント尺度 (Meyer, Allen, & Smith, 1993)を用いた因子分析を行った結
果、組織アイデンティフィケーションは組織コミットメントとの相関は高い
ものの、弁別は可能であることを示唆している。

　以上のことから、組織アイデンティフィケーションと組織コミットメント
とは類似性が認められるものの、双方の考え方に違いがあり、弁別が可能で
あると考えられる。

４．３　他の概念との関係性に関する仮説の設定

　組織アイデンティフィケーションに関する先行研究では、いくつかの職務
態度や職務行動との関係が報告されている。これらの先行研究を用いた

Riketta (2005) のメタ分析の結果では、組織アイデンティフィケーションと職務満足感、離転職意向、パフォーマンスなどの職務態度や職務行動との関係性が指摘されている。これらの変数は、Matheiu & Zajac (1990) や Meyer, Stanley, Herscovitch, & Topolnytsky (2002) の組織コミットメントのメタ分析においても、その関係性が認められており、本書の目的である組織アイデンティフィケーションと組織コミットメントとの弁別を検討する上での指標として用いることにした。

1）職務満足感との関係性仮説

Riketta (2005) のメタ分析では、組織アイデンティフィケーションと職務満足感の間には $r=.54$ の有意な相関があることが報告されており、両者の関係性は強いと考えられる。一方、組織コミットメントと職務満足感の関係も、Matheiu & Zajac (1990) のメタ分析の結果では、両者の間には $r=.49$ の相関が認められている。これらのメタ分析の結果からは、組織アイデンティフィケーションと組織コミットメントは、双方ともに職務満足感との関連性は高いといえるため、職務満足感との関係について仮説1aを設定した。

仮説1a　組織アイデンティフィケーションと組織コミットメントは、職務満足感との間に有意な正の相関が認められるであろう。

Riketta (2005) のメタ分析では組織アイデンティフィケーションと職務満足感との関連性は高いという結果が報告されている。しかし、組織アイデンティフィケーションは自己概念の中に組織をどのように位置づけるかという考えに基づいていることから、仕事に関する固有の環境についての満足感である職務満足感との関連性は詳細に検討されているわけではない。近年の組織アイデンティフィケーション研究の主なアプローチ方法となっている社会的アイデンティティ理論では、人は自分が何者であるかというアイデンティティのほとんどを自分が属する社会集団から引き出しており、自己をその集団に含めることで肯定的な社会的アイデンティティを達成し維持しようと

第4章　組織アイデンティフィケーションと組織コミットメントは何がどのように違う
　　　のか　－両概念の弁別性の検討－

するとされる。また、人は肯定的な自尊心を得るため、あるいは維持するために動機づけられることを前提としており、人は社会的アイデンティティ獲得のために現在所属している集団をより肯定的なものとして捉えるよう努力する（Hogg & Abrams, 1988）。以上のことから、組織アイデンティフィケーションと職務満足感とはポジティブな関係にあることが推測される。このように、組織アイデンティフィケーションにおける満足感とは、職務満足感のように現在の職務環境についての満足感ではなく、組織成員であるという認知を自己概念に統合するという心の中に根付いた満足感であるとされる（Pratt, 1998）。

　一方、組織コミットメントは、職務満足感の代理変数として転職や欠勤率を予測する役割もあったとされ（Porter *et al.*, 1974）、組織コミットメントと職務満足感との関係性は強いと考えられる。近年では、Meyer & Allen（1991）のように組織コミットメントを、より多次元で理解しようとする研究が多くみられる。しかし、これらの研究において共通していることは、組織コミットメントには情緒的な側面と功利的な側面とがあることである。すなわち、組織コミットメントは組織の価値を肯定的に受け入れることができるかという情緒的な側面と、コストとの関係から組織に居続けるかそれとも離れるかといった経済的な交換理論に基づいた概念であるといえる。以上のように、組織アイデンティフィケーションと組織コミットメントでは想定している満足感に違いがあり、仕事に関する固有の環境についての満足感である職務満足感との関係は、組織アイデンティフィケーションより組織コミットメントの方がより直接的であると考えられる。

　実証研究では、Meal & Tetrick（1992）が、OCQ と自らが開発した組織アイデンティフィケーション尺度を用い、職務満足感との関係について検討している。その結果、組織アイデンティフィケーションおよび組織コミットメントと職務満足感の相関は、組織コミットメントと職務満足感の方が高い値を示したことを報告している。しかし、Meal & Tetrick（1992）の研究では両者が職務満足感に及ぼす影響に違いがみられたものの、それらに有意差があるかは検証されていない。van Knippenberg & Sleebos（2006）は、組織アイ

93

デンティフィケーションと組織コミットメントのいずれか一方の影響をコントロールして職務満足感などの外的指標との偏相関分析によって、組織アイデンティフィケーションと組織コミットメントとの弁別性を検討している。その結果、職務満足感は組織コミットメントとの有意な正の相関がみられたが、組織アイデンティフィケーションとは有意な相関はみられなかったことを報告している。

　以上の議論から、組織アイデンティフィケーションと組織コミットメントには概念や背景に相違点があり、両者が職務満足感に及ぼす影響はそれぞれ独立していると考えられるため、仮説 1 b を設定した。

　　仮説 1 b　組織アイデンティフィケーションと組織コミットメントは職務
　　　　　　満足感に対して、それぞれが独立して有意な正の影響を及ぼす
　　　　　　であろう。

2 ）離転職意向との関係性仮説

　組織アイデンティフィケーションと離転職意向の関係について、Riketta (2005) のメタ分析では、両者の間には $r=-.48$ の有意な負の相関があることが報告されている。一方、Matheiu & Zajac (1990) の組織コミットメントに関するメタ分析の結果では、組織コミットメントと離転職意向との間にも $r=-.41$ の相関があるとされ、組織アイデンティフィケーションと組織コミットメントは共に離転職意向と関係性が高いといえる。以上のメタ分析の結果を参考に組織アイデンティフィケーションおよび組織コミットメントと離転職意向との関係について仮説 2 a を設定した。

　　仮説 2 a　組織アイデンティフィケーションと組織コミットメントは、離
　　　　　　転職意向との間に有意な負の相関が認められるであろう。

　　組織成員であり続けたいという願望は、組織コミットメントの中核をなす概念である。そのため、組織コミットメントを測定する尺度には、組織に留

第4章　組織アイデンティフィケーションと組織コミットメントは何がどのように違う
　　　　のか　－両概念の弁別性の検討－

まりたいという願望が反映されており、離転職意向との強い相関があること
がうかがえる。一方、組織アイデンティフィケーション研究の主なアプロー
チ方法となっている社会的アイデンティティ理論では、自己を社会的集団に
含めることで肯定的な社会的アイデンティティを達成し維持しようとすると
される（Hogg & Abrams, 1988）。このような考えに基づいている組織アイ
デンティフィケーションは、コミットメント研究のように組織成員であり続
けたいという願望との関係が想定されているわけではない。もちろん、組織
アイデンティフィケーションにおいても、自己が組織成員であることを定義
づけすることに違和感があれば、離転職意向が高まる可能性もあると考えら
れるが、組織コミットメントとは本質的な違いがあり、離転職意向に及ぼす
影響は相違していると考えられる。たとえば、van Knippenberg & Sleebos
(2006) は、組織アイデンティフィケーションおよび組織コミットメントと離
転職意向の相関は、組織アイデンティフィケーションと組織コミットメント
のいずれか一方の影響をコントロールした場合に有意差が認められたことを
報告している。以上のことから、組織アイデンティフィケーションと組織コ
ミットメントは概念そのものに相違があり、両者が離転職意向に及ぼす影響
についてもそれぞれに違った効果があることが予想されるため、仮説2bを
設定した。

　仮説2b　組織アイデンティフィケーションと組織コミットメントは離転
　　　　　職意向に対して、それぞれが独立して有意な負の影響を及ぼすで
　　　　　あろう。

3）パフォーマンスとの関係性仮説

　先行研究では、組織アイデンティフィケーションが高まることで、組織にと
って望ましい行動に結びつくことが指摘されている（Ashforth & Mael, 1989;
van Dick, 2001 など）。Riketta (2005) のメタ分析でも、組織アイデンティフ
ィケーションと役割外行動との間には $r = .35$ の有意な相関があることが示さ
れている。Riketta (2005) のメタ分析で用いられた先行研究のほとんどが役割

95

外行動として組織市民行動（organizational citizenship behavior: Organ, 1988）を用いている。たとえば、van Dick *et al.*（2006）は、組織アイデンティフィケーションと組織市民行動との間の相関係数が $r = .36$ であったことを報告している。一方、Meyer *et al.*（2002）の組織コミットメントのメタ分析の結果でも、組織コミットメントのうち情緒的コミットメントと組織市民行動との間には $r = .32$ の相関があることを報告しており、組織アイデンティフィケーションおよび組織コミットメントは、双方共に組織市民行動との関連性が認められる。

　これらの先行研究がパフォーマンスとして採用している組織市民行動は、直接的または明確に公式の報酬システムによって認識されない、自由裁量の自発的な個人行動であり、そして組織の効果的な機能を促進する行動と定義され（Organ, 1988）、公的な報酬システムによって認識されない行動と考えられている。こうした成員の裁量行動は組織市民行動だけでなく、多様な概念が検討されている。具体的には、向社会的組織行動 (prosocial organizational behaviors: Brief & Motowidlo, 1986)、役割外行動(extra-role behavior: van Dyne Cummings, & Parks, 1995)、文脈的パフォーマンス (contextual performance: Borman & Motowidlo, 1993)、組織的自発性 (organizational spontaneity: George & Brief, 1992)などの概念であり、その定義や起源には違いがある。

　むろん、組織における従業員の職務行動を考えた場合、定められた役割を遂行することは短期的には重要であることに間違いはない。たとえば、Katzs & Kahn (1978) は、組織の成員行動を3つのパターンに分類している。それらは、1）組織成員として在職し組織活動に参加する基本行動、2）最低限のパフォーマンスの質と量を維持する行動、3）自分の職務の範疇外であっても自発的かつ革新的に発揮される行動である。1）は、遅刻をしない、時間どおりに仕事をするなど、組織成員としての最低限の行動であると考えられる。2）は、定められた役割を遂行する行動であり、役割内行動であるといえよう。3）について、Katzs & Kahn (1978)は、組織成員の自発性と革新性が組織の存続のみならず、組織の発展に極めて重要であるとしている。以上のことか

第4章　組織アイデンティフィケーションと組織コミットメントは何がどのように違う
　　　　のか　－両概念の弁別性の検討－

ら、本書においても組織成員の自発的な行動が、組織の維持・発展に貢献す
る行動であるという立場を取っている。

　本書では、組織成員の自発的行動を表す概念の中でも、文脈的パフォーマ
ンスに注目している。文脈的パフォーマンスとは、職務上の活動であるが中
核的な職務に貢献をする活動ではなく、中核的な職務が機能するための組織
的・社会的・心理的環境を支援する活動であるとされ（田中, 2003）、広範囲
に組織成員の自発的な行動と捉えることができる。しかし、文脈的パフォー
マンスと組織市民行動の調査項目は内容的に同じものであり、行動の内容自
体が相違しているわけではない（田中, 2003）。Motowidlo (2000)も組織市民
行動と文脈的パフォーマンスの類似性に触れ、両者を弁別することは困難で
あり、特定の行動に対する調査が必要な場合を除き、どちらの概念を用いる
かは重要ではないと述べている。すなわち、概念やその背景に相違はあるも
のの、双方の概念は類似しており、他の変数との関係で得られる結果も類似
したものとなることが予想される。以上のことから、組織アイデンティフィ
ケーションおよび組織コミットメントと文脈的パフォーマンスとの関係につ
いて仮説3aを設定した。

　　仮説3a　組織アイデンティフィケーションと組織コミットメントは、文
　　　　　　脈的パフォーマンスとの間に有意な正の相関が認められるであ
　　　　　　ろう。

　文脈的パフォーマンスと組織コミットメントの関係性について、たとえば、
van Scotter (2000) は、軍人419名を対象に文脈的パフォーマンスと組織コ
ミットメントなどの職務態度との関連について調査を行っている。その結果、
文脈的パフォーマンスと組織コミットメントの下位概念である情緒的コミッ
トメントには$r=.24$の有意な相関があったことを報告している。その他にも、
両者の関係性について、組織コミットメントが高まることで文脈的パフォー
マンスが促進されるという研究は多くみられる（たとえば、Podsakoff &
MacKenzie, 1997; Steers & Porter, 1983）。

97

これまで、組織アイデンティフィケーションと文脈的パフォーマンスとの関係を直接示す研究は見当たらないが、O'Reilly & Chatman（1986）は組織コミットメントを服従、同一視、内在化の３つの視点で捉え、同一視が役割外行動の有意な規定因であることを示唆している。また、高木（2003)は、内在化要素、愛着要素、規範的要素、存続的要素の４因子を想定した組織コミットメント尺度を用い、役割内外を問わない文脈に即した行動である積極的発言、行事への参加、私的生活の犠牲、勤勉さ、同僚への配慮、上司への配慮との関係について検討している。その結果、愛着要素はパフォーマンスに有意な影響を及ぼさず、内在化要素が上司への配慮以外のパフォーマンスに有意な影響を及ぼしていたことを報告している。これらの先行研究では、情緒的な要素よりも内在化とパフォーマンスとの関係性が強いことが示唆されている。

　以上の議論から、愛着を中核として検討された組織コミットメントと組織成員であることの認知や組織の目標や価値観の内在化が中核である組織アイデンティフィケーションとでは、パフォーマンスに及ぼす効果にもそれぞれ違いがあることが予想されるため、以下の仮説３ｂを設定した。

　　仮説３ｂ　組織アイデンティフィケーションと組織コミットメントは文脈
　　　　　　　的パフォーマンスに対して、それぞれが独立して有意な正の影
　　　　　　　響を及ぼすであろう。

４．４　調査の方法

１）調査対象者

　調査は 2010 年 10 月１日に、A 県を中心に店舗展開するスーパーマーケット B 社の 51 店舗の従業員に対して趣旨説明を掲載した質問紙を配布され無記名で回答を求めた。質問紙は個々が封筒に入れ各店の回収箱に投函した。調査期間最終日の 2010 年 10 月 30 日に店舗ごとに回収された。

　年齢が 18 歳以上で勤続年数が半年以上の回答者のうち、すべての質問に

第4章 組織アイデンティフィケーションと組織コミットメントは何がどのように違う
のか －両概念の弁別性の検討－

表4-1　サンプルの属性

性別　　　　　　　雇用形態	男性			女性			合計		
	N	年齢 $M(SD)$	勤続年数 $M(SD)$	N	年齢 $M(SD)$	勤続年数 $M(SD)$	N	年齢 $M(SD)$	勤続年数 $M(SD)$
正社員	221	35.9 (± 8.6)	9.1 (± 6.4)	86	29.5 (± 8.2)	7.4 (± 6.9)	307	34.1 (± 9.0)	8.8 (± 6.6)
パートタイマー	144	37.6 (±16.9)	4.0 (± 4.2)	1,247	46.7 (±11.7)	6.0 (± 5.3)	1,391	45.7 (±12.7)	5.8 (± 5.2)
合計	365	36.5 (±12.5)	7.2 (± 6.2)	1,333	45.6 (±12.3)	6.1 (± 5.4)	1,698	43.6 (±12.9)	6.3 (± 5.6)

回答したものを有効回答とした結果、1,698 データが有効回答（68.3%）であ
った。サンプルの属性は表4-1に示すとおり、正社員 307 名、パートタイマ
ー1,391 名であった。それぞれの平均年齢は、正社員が 34.1 歳（±9.0）、パ
ートタイマー45.7 歳（±12.7）であった。

2）本章で用いられた質問項目

(1) 組織アイデンティフィケーション

　組織アイデンティフィケーションに関する質問項目は、第4章で開発した
組織アイデンティフィケーション尺度の6つの質問項目を使用した。本章に
おける分析では、これらの6項目の合計得点を尺度得点として用いた（α
=.88）。

(2) 組織コミットメント

　van Dick（2001）が指摘するとおり、組織アイデンティフィケーションと
の重複性が指摘されているのは組織コミットメントの情緒的な要素であると
考えられるため、組織コミットメントに関する質問項目は、Meyer & Allen
（1991）の組織コミットメント尺度の下位概念である情緒的コミットメント
に関する質問項目を用いた。これらの原文を和訳した時に違和感なく質問の
意図が伝わると考えられる「この会社に愛着がある」「この会社で残りの職業
生活をおくれることは、幸せなことだと思う」など6項目の合計得点を分析
に用いた（α=.87）。

(3) 職務満足感

職務満足感は、第4章で用いた質問項目を用いた。質問項目は「今の仕事が好きである」「現在の仕事に満足している」などの4項目の合計得点を分析に用いた（$\alpha = .94$）。

(4) 離転職意向

離転職意向を測定する質問項目は、第4章で用いた質問と同じ項目を用いた。「わたしは、直ぐにでもこの会社を辞めたい」と「半年後には、わたしはこの会社にいないだろう」の2項目の合計得点を分析に用いた（$\alpha = .82$）。

(5) 文脈的パフォーマンス

職務内容や責任と権限が明確である欧米での職務主義に対し、わが国では職務の概念が曖昧であるとされ（今野・佐藤, 2009）、どのような行動が役割なのか役割外なのか判別はつきにくい。特に、対象とした組織には正社員とパートタイマーが混在しており、それぞれの役割が明確ではないことも予想される。以上を考慮し、パフォーマンスに関する尺度は、池田・古川（2008）が作成した文脈的パフォーマンス尺度の項目を意味が変わらない程度に一部変更し使用した。文脈的パフォーマンスは、職務上の活動であるが中核的な職務に貢献をする活動ではなく、中核的な職務が機能するためのより広範囲な組織的・社会的・心理的環境を支援する活動であるとされる（田中, 2003）。また、文脈的パフォーマンスは、その行動が役割内か役割外かを想定しているわけではないことから、わが国の労働者のパフォーマンスを測定する概念として適していると考えられる。池田・古川（2008）が作成した文脈的パフォーマンス尺度は実行レベルと貢献レベルによって分類されるが、本書ではパフォーマンスをより広範囲に把握するために、実行レベルのみを分析に用いた。実行レベルの文脈的パフォーマンス尺度は、自己の職務への専念、同僚に対する協力、職場に対する協力という3つの下位概念から構成される。自己の職務への専念は「積極的に難しい仕事に取組んでいる」などの6項目で構成される。同僚に対する協力は「自発的に職場内の同僚を手助けしてい

第4章　組織アイデンティフィケーションと組織コミットメントは何がどのように違うのか　－両概念の弁別性の検討－

表4-2　　分析に用いた質問項目の記述統計

		質問項目	M	SD	M+SD	M-SD
組織アイデンティフィケーション	1	この会社で働いていることは，わたしのイメージを決める大きな要因だ	3.36	.77	4.13	2.59
	2	「自分は《所属集団名》の人間なんだなあ」と実感することが多い	3.03	.74	3.77	2.29
	3	「あなたは《所属集団名》らしい人だね」と言われたら，とてもうれしい	3.04	.77	3.81	2.26
	4	この会社の目標は，わたしが目指している目標と同じだ	3.60	.80	4.41	2.80
	5	わたしとこの会社との間には，強い絆がある	2.83	.77	3.59	2.06
	6	この会社が事業で成功すると，自分のことのようにうれしい	3.19	.85	4.03	2.34
組織コミットメント	7	この会社で残りの職業生活をおくれることは，幸せなことだと思う	3.43	.85	4.28	2.58
	8	この会社の一員であることを強く意識している	3.69	.75	4.43	2.94
	9	この会社にいることで，家族の一員であるように感じられる	2.99	.89	3.88	2.09
	10	この会社に愛着を感じている	3.61	.80	4.41	2.81
	11	この会社の問題が，あたかも自分自身の問題であるかのように感じる	3.12	.83	3.95	2.30
	12	わたしにとって，この会社で働いていることの意義は大きい	3.40	.79	4.19	2.61
職務満足感	13	今の仕事が好きである	3.65	.80	4.45	2.86
	14	現在の仕事に満足している	3.44	.85	4.29	2.59
	15	今の仕事に喜びを感じる	3.35	.83	4.18	2.51
	16	今の仕事にやりがいを感じる	3.46	.83	4.29	2.62
離転職意向	17	わたしは，直ぐにでもこの会社を辞めたい	2.22	.92	3.14	1.31
	18	半年後には，わたしはこの会社にいないだろう	2.24	.95	3.19	1.29
自己の職務専念	19	与えられた仕事に細心の注意を払って働いている	4.03	.55	4.58	3.49
	20	積極的に難しい仕事に取組んでいる	3.23	.71	3.95	2.52
	21	課題達成のため，常に困難を乗り越えようとしている	3.47	.67	4.14	2.80
	22	周囲の期待以上に一生懸命働いている	3.42	.69	4.11	2.72
	23	自分の知識や技術を高めるよう努力している	3.64	.66	4.30	2.99
	24	自ら率先して，仕事上の問題を解決しようとしている	3.34	.69	4.03	2.65
同僚に対する協力	25	同僚が良い仕事をした時にはほめている	3.83	.63	4.46	3.20
	26	職場内の同僚を公平に扱っている	3.71	.66	4.37	3.05
	27	同僚の意見やアイデアに対して，自分の考えや意見を言っている	3.49	.70	4.19	2.79
	28	仕事の問題を抱える同僚を支援したり勇気つけたりしている	3.50	.69	4.19	2.82
	29	自発的に職場内の同僚の手助けをしている	3.64	.64	4.29	3.00
	30	同僚に対して，自分の意見やアイデアを提供している	3.40	.73	4.12	2.67
	31	同僚の仕事上の問題が解決できるよう進んで手助けしている	3.45	.69	4.14	2.76
職場に対する協力	32	職場で起こった問題やトラブルを進んで解決しようとしている	3.51	.69	4.21	2.82
	33	職場内のさまざまな意見の調整を行おうとしている	3.31	.72	4.02	2.59
	34	仕事上，自分のやろうとしていることを，事前にみんなに伝えている	3.41	.72	4.13	2.69
	35	職場内での仕事の情報を共有しようとしている	3.70	.63	4.32	3.07
	36	職場全体の意欲を高めるようなことを話している	3.21	.70	3.91	2.51
	37	職場内の仕事がスムーズに進むようアイデアを提供している	3.39	.70	4.08	2.69

る」などの7項目で構成される。職場に対する協力は「職場内での仕事の情報を共有しようとしている」などの6項目である。以上の質問の回答はすべての項目に対して、あてはまらない（1点）～あてはまる（5点）の5件法とした。

　池田・古川（2008）は、文脈的パフォーマンス尺度の信頼性を表すCronbach の α 係数が、自己の職務への専念は α＝.82、同僚に対する協力は α＝.88、職場に対する協力は α＝.87 と高い値を示したことを報告しており、尺度としての信頼性が高いと判断されるため、本書では各尺度の合計得点を尺度得点として用いた。本書での尺度の信頼性は α＝.84 ～.86 であった。

3）方法

　組織アイデンティフィケーションと組織コミットメントとの弁別を目的として、まず、組織アイデンティフィケーションおよび組織コミットメントの下位概念である情緒的コミットメント(以下「組織コミットメント」という)と同時に測定された職務満足感、離転職意向、文脈的パフォーマンスとの相関係数を求めた。つぎに、組織アイデンティフィケーションと組織コミットメントを独立変数、諸変数を従属変数とした重回帰分析を行い、組織アイデンティフィケーションと組織コミットメントが諸変数に及ぼす影響を確認した。さらに本章では、探索的に組織アイデンティフィケーションと組織コミットメントが諸変数に及ぼす影響を比較するために有意差を確認した。

4．5　分析の結果

1）組織アイデンティフィケーションおよび組織コミットメントと諸変数との相関

　まず、質問37項目について、平均値と標準偏差を求めたが、異常値は見当たらなかったため、以降の分析を進めることにした(表4-2)。つぎに、組織アイデンティフィケーションおよび組織コミットメントと関係性が予想される職務満足感、離転職意向、文脈的パフォーマンスとの相関を算出した。そ

第4章　組織アイデンティフィケーションと組織コミットメントは何がどのように違う
　　　　のか　－両概念の弁別性の検討－

の結果を表4-3に示す。組織アイデンティフィケーションと組織コミットメントの相関係数は $r = .78$ を示しており、過去の研究においても指摘されるように双方の関係性は強いことが示された。

　組織アイデンティフィケーションおよび組織コミットメントと職務満足感の関係をみてみると、組織アイデンティフィケーションと職務満足感の間には $r = .62$ の中程度の正の相関が示された。また、組織コミットメントと職務満足感との間の相関も $r = .67$ であった。つぎに、組織アイデンティフィケーションおよび組織コミットメントと離転職意向の間には、それぞれ $r = -.41$、$r = -.50$ の有意な負の相関がみられた。最後に、組織アイデンティフィケーションと文脈的パフォーマンスの下位尺度ごとの関係性をみると、自己の職務への専念には $r = .50$、同僚に対する協力とは $r = .46$、職場に対する協力には $r = .49$ という、いずれも中程度の有意な正の相関がみられた。

　一方、組織コミットメントと文脈的パフォーマンスの下位尺度ごとの相関は、それぞれ $r = .46$、$r = .44$、$r = .44$ という有意な正の相関がみられたが、いずれも組織アイデンティフィケーションとの相関よりも低い値であった。

２）組織アイデンティフィケーションと組織コミットメントを独立変数とした重回帰分析の結果

　組織アイデンティフィケーションと組織コミットメントが諸変数に及ぼす影響を検討するために、組織アイデンティフィケーションと組織コミットメントを独立変数とし、職務満足感、離転職意向、文脈的パフォーマンスを従属変数とした重回帰分析を行った。その結果を表4-4に示す。

　まず、組織アイデンティフィケーションと組織コミットメントが職務満足感に及ぼす影響は、組織アイデンティフィケーションが $\beta = .26$ ($p < .001$)、組織コミットメントが $\beta = .47$ ($p < .001$) であった。また、両者が職務満足感に及ぼす影響を示す標準偏回帰係数についての漸次近似検定の結果、両者には有意差が認められ、組織コミットメントが職務満足感に及ぼす影響の方が強いことが示された($Z = 6.15, p < .001$)。

　つぎに、組織アイデンティフィケーションおよび組織コミットメントが離

表4－3 調査に用いた変数の平均，標準偏差，信頼性係数および相関係数

変数	M	SD	α	1	2	3	4	5	6
1 組織アイデンティフィケーション	19.05	3.73	.88	-					
2 組織コミットメント	20.24	3.81	.87	.78***	-				
3 職務満足感	13.90	3.04	.94	.62***	.67***	-			
4 離転職意向	4.46	1.72	.82	-.41***	-.50***	-.50***	-		
5 自己の職務への専念	21.14	2.97	.84	.50***	.46***	.49***	-.25***	-	
6 同僚に対する協力	25.02	3.51	.86	.46***	.44***	.43***	-.24***	.79***	-
7 職場に対する協力	20.53	3.16	.85	.49***	.44***	.43***	-.21***	.81***	.86***

***$p<.001$　N=1,698

第4章　組織アイデンティフィケーションと組織コミットメントは何がどのように違うのか　－両概念の弁別性の検討－

表4－4　組織コミットメントおよび組織アイデンティフィケーションを独立変数とした諸変数との重回帰分析の結果

従属変数 独立変数		職務満足感	離転職意向	自己の職務への専念	同僚に対する協力	職場に対する協力
組織コミットメント	β	.47 ***	-.46 ***	.18 ***	.20 ***	.14 ***
組織アイデンティフィケーション	β	.26 ***	-.06	.36 ***	.30 ***	.38 ***
F値		769.41 ***	286.36 ***	302.86 ***	251.11 ***	280.10 ***
Adj.R^2		.48	.25	.26	.23	.25

（N＝1,698）

***p＜.001

転職意向に及ぼす影響は、組織コミットメントが $\beta = -.46$（$p < .001$）で あったが、組織アイデンティフィケーションでは $\beta = -.06$ となり有意ではな かった。

　最後に、組織アイデンティフィケーションおよび組織コミットメントが文 脈的パフォーマンスの各下位尺度に及ぼす影響は表4-4に示すとおり、すべ て $p < .001$ で有意な正の関係を示した。また、両者が文脈的パフォーマンス の各下位尺度に及ぼす影響には有意差が認められ、文脈的パフォーマンスの 下位尺度への影響は組織コミットメントよりも組織アイデンティフィケーシ ョンの方が強いことが示された（自己の職務専念：$Z = 4.92, p < .001$、同僚へ の協力：$Z = 1.97, p < .001$、組織への協力：$Z = 5.66, p < .05$）。

　独立変数である組織アイデンティフィケーションと組織コミットメント との間には、$r = .78$ という強い相関があるため、求められた係数の信頼性が 低下してしまう恐れがある。そのため、多重共線性の危険度を示す VIF (Variance Inflation Factor)を算出した。VIF の値は 10 よりも大きな値であ ると多重共線性が発生しているとされるが（小塩, 2000）、本分析の組織アイ デンティフィケーションと組織コミットメントの VIF は、すべて 2.54 とな り基準よりも小さい値であり、多重共線性は発生していなかった。

４．６　仮説検証と考察

　本章では、組織アイデンティフィケーションと組織コミットメントの弁別 を目的として、双方の概念と関連性が高い職務満足感、離転職意向、文脈的 パフォーマンスとの関係について6つの仮説を設定し検討した。以下に、分 析の結果を基に仮説の検証を行う。

　第1に、職務満足感の関係についての仮説について検証すると、まず、組 織アイデンティフィケーションおよび組織コミットメントと職務満足感との 間には正の有意な相関がみられ、仮説1aは支持された。つぎに、重回帰分 析の結果、組織アイデンティフィケーションと組織コミットメントは職務満 足感に対して、それぞれが独立して有意な正の影響を及ぼしていたことから、

第4章　組織アイデンティフィケーションと組織コミットメントは何がどのように違う
のか　－両概念の弁別性の検討－

仮説1bも支持された。これらの結果は、組織アイデンティフィケーション
と組織コミットメントには高い相関関係にあるが、双方の概念の背景となる
理論的な相違が、それぞれが職務満足感に独立した効果を示したといえる。
組織アイデンティフィケーションにおける満足感は、組織成員であるという
認知を自己概念に統合するという、心の中に根付いた満足感であり（Pratt,
1998）、職務満足感のような仕事に関する固有の環境への満足感とは異質で
あると考えられる。すなわち、組織成員が組織を同一視することによって得
られる満足感とは、組織への所属から得られる安心感や威信の高い組織への
所属によってもたらされる誇りなどに対する満足感であると考えられる。さ
らにいえば、組織アイデンティフィケーションにおける満足感とは、人間の
帰属欲求や自尊感情を満たすことへの満足感といえるのかもしれない。一方、
組織コミットメントは所属する組織に対して抱く思いが態度として表面化し
たものであり、現在携わっている仕事に関する固有の環境への満足感との関
係性は高いと考えられる。以上のような双方の概念が想定する満足感には本
質的な相違があるため、双方の概念を同時に従属変数としても、どちらもが
職務満足感に対して正の影響を及ぼしたと考えられる。また、探索的に行っ
た両者が職務満足感に及ぼす影響を示す標準偏回帰係数についての漸次近似
検定の結果、標準偏回帰係数には有意差が確認された。この結果から、認知
的要素や内在化要素を含む組織アイデンティフィケーションは、愛着などの
情緒的な側面が強調された組織コミットメントと比較して、職務満足感に影
響を及ぼしにくい概念であることが指摘できる。

　第2に、離転職意向の関係についてみてみると、まず、組織アイデンティ
フィケーションおよび組織コミットメントと離転職意向との間には有意な負
の相関がみられた。この結果、仮説2aは支持された。先行研究でみられる
ように組織アイデンティフィケーションと組織コミットメントは双方ともに
離転職意向との関係性は高いといえる。つぎに、重回帰分析の結果、組織コ
ミットメントは離転職意向に対して有意な負の影響を及ぼしていたが、組織
アイデンティフィケーションが離転職意向に及ぼす影響は有意ではなかった。
この結果、仮説2bは支持されなかった。組織アイデンティフィケーション

と離転職意向には高い相関関係にあるにもかかわらず、組織アイデンティフィケーションが離転職意向に及ぼす影響は $\beta = -.06$ となり有意ではなかったという結果は、組織アイデンティフィケーションは離転職意向に対して直接的な影響を及ぼしていないといえるであろう。これらの結果については以下のように解釈が可能である。組織アイデンティフィケーションは自己概念に組織をどう位置づけるかという概念であり、組織に居続けるか離れるかということは想定されていない。組織アイデンティフィケーションのアプローチ方法となっている社会的アイデンティティ理論では、人は肯定的な自尊心を得るため、あるいは維持するために動機づけられることを前提としている。そのため、人は肯定的な社会的アイデンティティを獲得し、維持するために努力するという原理があるとされる（柿本, 2001）。逆に、否定的な社会的アイデンティティ、すなわち低い自尊心が植えつけられる場合は、人はそれを不快に思い、その状態を改めようと個人を動機づける（Hogg & Abrams, 1988）。それでもなお、組織成員であることに違和感がある場合に初めて、組織に居続けるかそれとも離れるかという意思決定に影響を及ぼすと考えられる。以上のことから、組織アイデンティフィケーションと離転職意向の関係を組織コミットメントが媒介している可能性があると考えられる。

　第3に、組織アイデンティフィケーションおよび組織コミットメントと文脈的パフォーマンスとの関係については、まず、組織アイデンティフィケーションおよび組織コミットメントと文脈的パフォーマンスの下位尺度の間には、いずれも中程度の有意な正の相関がみられた。この結果からは仮説3aは支持されたといえるであろう。つぎに、重回帰分析の結果、組織アイデンティフィケーションと組織コミットメントは文脈的パフォーマンスに対して有意な正の影響を及ぼしていたことから、仮説3bも支持された。この結果、組織アイデンティフィケーションと組織コミットメントの間には高い相関があるものの、両者と文脈的パフォーマンスには有意な正の関係性が認められた。また、両者が文脈的パフォーマンスに及ぼす影響には有意差が確認され、文脈的パフォーマンスに及ぼす影響は組織コミットメントよりも組織アイデンティフィケーションの方が強いことが示された。これらの結果から、組織

第4章　組織アイデンティフィケーションと組織コミットメントは何がどのように違う
　　　のか　－両概念の弁別性の検討－

との一体感や運命共同体として自己概念に位置づけるという組織アイデンティ
フィケーションと組織にとっての望ましい行動である文脈的パフォーマン
スの関係は、愛着などの組織との情緒的なつながりである組織コミットメン
トとの関係よりも強いことが指摘できるであろう。組織アイデンティフィケ
ーションと文脈的パフォーマンスとの関係は、成員と成員が同一視している
組織とが同じ方向に進むことであり、そのため、組織は成員の自己概念の一
部となると考えられる。その結果、成員は肯定的な社会的アイデンティティ
の獲得のため、組織において積極的な職務行動をとると考えられる。一方、
組織コミットメントと文脈的パフォーマンスの関係からは、組織への愛着が
強いだけでは、組織への関心や関与は生起しにくく、組織をより良くしよう
とする行動には結びつきにくいと推測される。これらの結果に加え、組織コ
ミットメントと組織アイデンティフィケーションの相関が高く、求められた
係数の信頼性を確認するために求めた VIF の値からは、多重共線性は発生し
ておらず、これらの観点からも組織コミットメントと組織アイデンティフィ
ケーションが外的変数に及ぼす効果は独立しているといえる。

　以上の結果、6つの仮説のうち、離転職意向に関する仮説2bは支持され
なかった。しかし、組織アイデンティフィケーションと離転職意向との有意
な関係はなく、組織コミットメントと離転職意向との間には有意な負の相関
が認められたという結果は、それぞれの概念の特徴を表しているといえるで
あろう。すなわち、組織コミットメントは所属する組織に対して抱く思いが
態度として表面化したものであり、職務満足感との関係が深い。そのため、
組織コミットメントの低下と離転職意向とには関係がある。一方、組織アイ
デンティフィケーションは、いったん組織成員としてカテゴリー化され、低
い自尊心が植えつけられる場合であっても、その状態を改めようと個人を動
機づけるとされ、組織アイデンティフィケーションの低下がすぐには、離転
職には結びつかないといえるであろう。また、本章における組織アイデンテ
ィフィケーションと組織コミットメントという2つの概念について、職務満
足度との関係性について設定した仮説および文脈的パフォーマンスとの関係
性に関する仮説は支持された。その結果、組織アイデンティフィケーション

と組織コミットメントの弁別が可能な概念であることが示された。

　分析結果からは、組織アイデンティフィケーションと職務態度や職務行動との関係に関する特徴が明らかになった。具体的には、組織アイデンティフィケーションが仕事に関する固有の環境への満足感との関係などよりも、文脈的パフォーマンスとの関係性が高いことである。このことは、組織の実践的マネジメントの上でも有益な発見であるといえるであろう。

4.7　まとめ

　本章における研究の目的は、組織アイデンティフィケーションとの重複性が指摘される組織コミットメントとの相違を明らかにすることであった。そのため、先行研究からも双方の概念との関係性が認められる職務満足感、離転職意向、従業員の自発的な行動である文脈的パフォーマンスを取り上げた。そして、組織アイデンティフィケーションおよび組織コミットメントと職務満足感、離転職意向、文脈的パフォーマンスの相関関係および、双方の概念がそれぞれの変数に与える影響について、6つの仮説を設定し検討した。

　両者との関係性が認められる職務行動や職務態度の関係について検討した結果、組織アイデンティフィケーションおよび組織コミットメントが職務満足感、離転職意向、文脈的パフォーマンスに及ぼす影響には違いがみられ、組織コミットメントは職務満足感や離転職意向との関係性は高い反面、文脈的パフォーマンスとの関係性は低いことが示された。一方、組織アイデンティフィケーションは職務満足感や離転職意向との関係性よりも、文脈的パフォーマンスとの関係性が高い概念であることが示され、組織成員の文脈的パフォーマンスを予測することに適した概念であると考えられた。

　本章では以上のような結果が得られ、組織アイデンティフィケーションと組織コミットメントは高い相関が認められるものの、職務満足感と文脈的パフォーマンスといったポジティブな結果に結びつく変数に対して効果は独立しており、双方の概念の弁別が可能であることが明らかになった。これらの結果からは、組織アイデンティフィケーションは組織成員のパフォーマンス

第4章 組織アイデンティフィケーションと組織コミットメントは何がどのように違う
のか －両概念の弁別性の検討－

を予測することが可能な概念であるといえるであろう。

　組織コミットメントとの相違が明らかとなった組織アイデンティフィケーションは、その水準を測定することで、これまで組織への帰属意識が低いとされてきた非正規労働者の文脈的パフォーマンスを、正規労働者と同様に予測することも可能となると考えられる。

　それでは、帰属意識の考え方の一つである組織アイデンティフィケーションは、どのようにして獲得されるのであろうか。組織アイデンティフィケーションのアプローチ方法の一つである社会的アイデンティティ理論では、何らかの基準で"われわれ"と"かれら"という内集団と外集団に単にカテゴリー化するだけでも、集団の一員としての意識である社会的アイデンティティの意識が、集団間差別の生起にとって重要な意味を持つとしている(Hogg & Abrams, 1988)。次章では、内集団と外集団のカテゴリー化が何によってもたらされるのか、組織アイデンティフィケーションの先行要因について検討する。

第5章

組織アイデンティフィケーションの
先行要因の検討

5．1　本章の目的

　組織アイデンティフィケーションのアプローチ方法の一つである社会的アイデンティティ理論では、単純なカテゴリー化が、内集団と外集団の間の差別を引き起こす要因であるとされる。しかし、この理論を組織研究に用いた場合には、集団外だけでなく集団内の人間関係や功利的要因などのさまざまな要因の影響があるために、単純なカテゴリー化が組織に対するアイデンティティが成立する要件にはなりにくい。第2章における企業の従業員へのインタビューデータに基づいた質的研究によっても、組織の肯定的なイメージがカテゴリー化を促進し、従業員の組織に対する同一視を高めるという仮説が提示された。本章では、組織アイデンティフィケーションに影響を及ぼす要因について明らかにすることを目的としている。

　組織アイデンティフィケーションとの重複性が指摘される組織コミットメントは、Mathiew & Zajac(1990)などの先行研究でもみられるように、職務の性質、職場の人間関係、職場環境などによって高まることが指摘されている。すなわち、組織コミットメントは、個人の仕事を取り巻く環境の好ましさが原因となって、組織への関心が高まると考えられている。組織コミットメントと同様に個人の組織に対する帰属意識を表す組織アイデンティフィケーションの先行要因は、組織コミットメントの先行要因と同じく、個人の仕事を取り巻く環境なのであろうか。

　第1章でも述べたとおり、組織アイデンティフィケーションと組織コミットメントは、それぞれに相違した考え方が基礎にある（Pratt, 1998）。組織

コミットメントは主に社会的交換理論に基づいており、個人と組織の間の物質的な交換をイメージしたものである（Tyler & Blader, 2000）。一方、組織アイデンティフィケーションは、自己の価値観と組織の価値観の類似性や価値の共有に対する認識を基礎としている（Ashforth & Mael, 1992）。このことは、双方の変数がどちらも帰属意識を表す概念でありながらも、それぞれが他の概念に及ぼす効果だけでなく、先行要因にも違いがあることが想定される。個人を取り巻く組織環境の中で、組織成員が組織アイデンティフィケーションの獲得に影響を及ぼす要因は何であろうか。本章では、先に仮説を提示した組織の肯定的なイメージのほか、組織的な要因を用いて、組織アイデンティフィケーションに影響を及ぼす要因を明確にしたい。

5．2　先行研究のレビュー

　帰属意識研究において多用されてきた組織コミットメント研究では、先行要因の検討も数多く行われている。これらの先行研究を用いた Mathuie & Zajac（1990）のメタ分析では、職務内容や職場環境、さらには職場の人間関係などが先行要因として取り上げられており、個人の組織に対する帰属意識として、組織アイデンティフィケーションの先行要因との共通性も推測される。
　しかし、組織コミットメントと組織アイデンティフィケーションとでは、根底にある考え方そのものに違いがあるとされ、本章の第2章におけるインタビュー調査においても、調査対象者の“成員としての自己認識”と“組織価値の内在化”という心理状態は、“組織の肯定的なイメージ”からの影響を強く受けていると考えられた。このことは、個人が所属する組織をポジティブに認知することが、個人の組織アイデンティフィケーションに多大な影響を与えると考えられる。たとえば、佐藤（2007）は、組織における社会的アイデンティティに関する先行研究から、組織において社会的アイデンティティが確立する要件には、組織の魅力、比較可能な外集団の存在、外集団との異質性の3つあると述べている。
　また、組織アイデンティフィケーションの先行要因に関する実証研究では、

先行研究のメタ分析を行った Riketta (2005) が、勤続年数や職位などの個人要因と組織アイデンティフィケーションとの関係性のほかに、組織の威信 (prestige) と組織アイデンティフィケーション間の相関係数が $r =.56$ ($p<.001$)であることを報告している。組織の威信とは組織の名声や組織に対する誇りなどの組織に対する肯定的なイメージである。

そのほかにも、社会的アイデンティティ理論を組織マネジメントに援用した Dutton $et\ al.$ (1994) は、従業員の組織に対する同一視と組織それ自体のイメージとの関連性を指摘している。さらに、Dutton $et\ al.$ (1994) は、組織イメージが従業員の組織アイデンティフィケーションに及ぼす影響について、いくつかの仮説を提示している。それらは、1)組織の魅力が高まれば高まるほど、従業員は組織を同一視する。2)従業員が同一視している組織価値と組織のイメージが類似していればいるほど、同一視は高まる。3)組織に対するアイデンティティが比較する他の組織と相違していればいるほど、従業員は組織に対して同一視しやすくなる。4)組織のイメージが個人の自尊感情を高めるものであるほど、従業員の組織に対する同一視は高まるというものである。これらの仮説から導き出されることは、外集団との比較によって得られる内集団の肯定的なイメージが、組織を同一視するための重要な要因であるということである。

たとえば、Wan-Huggins $et\ al.$ (1998) は、Dutton $et\ al.$ (1994) の仮説に基づいて、米国の電気設備会社の従業員 98 名を対象に、組織イメージと組織アイデンティフィケーションの関係について検討している。その結果、両者の間には $r=.26$ の有意な正の相関があり、組織イメージが組織アイデンティフィケーションに及ぼす影響は $\beta=.15$ と有意であったことを報告している。これらの結果からも、外部から肯定的な評価をされた個人的な行為は所属している組織の評価でもあるため、組織の肯定的な評価は個人の自尊感情を高めるだけでなく、自己の社会的アイデンティティに影響を及ぼすと考えられる。

以上のことから、組織アイデンティフィケーションに関する先行研究において関連性が指摘されている組織イメージと、これまで帰属意識研究におい

て、その関係性が指摘されてきた職務の特性、職場の人間関係、職場環境など個人を取り巻く要因が組織アイデンティフィケーションに影響を及ぼしているかについて、職務満足感や組織コミットメントと比較しながら、探索的に検討することにした。

５．３　調査の概要と分析の方法

１）対象者および調査時期

　第4章と同様のサンプルを使用した。B 社の 51 店舗の従業員に質問票が配布され、年齢が 18 歳以上で勤続年数が半年以上の回答者のうち、すべての質問に回答したものを有効回答とした結果、1,698 データが有効回答（68.3％）であった。サンプルの属性は、正社員 307 名、パートタイマー1,391名であった。それぞれの平均年齢は、正社員が 34.1 歳（±9.0）、パートタイマー45.7 歳（±12.7）であった。調査期間は 2010 年 10 月 1 日〜2010 年 10月 30 日までとし、各店舗への留め置き法とした。

２）分析方法

　組織アイデンティフィケーションの先行要因を検討するために、まず、第1分析として、組織のイメージに関する5項目について因子構造を確認するために探索的に因子分析を試みた。つぎに第2分析として、組織のイメージに関する要因と職務の特性、職場の人間関係、職場環境を独立変数とし、組織アイデンティフィケーション、職務満足感、組織コミットメントを従属変数とした重回帰分析を行い、先行要因が組織アイデンティフィケーション、職務満足感、組織コミットメントに及ぼす影響を比較検討した。

５．４　第１分析　組織の肯定的なイメージに関する検討

１）第１分析に用いた質問項目

　第2章で行われた B 社の従業員に対する組織イメージに関するインタビ

ュー調査から分析に用いる質問5項目を選択した。それらは、「この会社は、競合他社と大きく違う」「この会社は対外的にもイメージが良い」「この会社には、独特の考え方や雰囲気がある」「良いにつけ悪いにつけ、この会社には特徴がある」「この会社と他の会社とを比較することが多い」である。以上の質問の回答はすべての項目に対して、あてはまらない（1点）～あてはまる（5点）の5件法とした。

2）因子分析の結果

　第1分析の目的は、組織アイデンティフィケーションの先行要因としての影響が強いと考えられる組織の肯定的なイメージに関する要因の特定である。本書では、組織の肯定的なイメージに関する項目を抽出するために、これらの5項目について探索的因子分析を行った。

　まず、組織のイメージに関する5項目について、平均値から標準偏差を減じた得点はすべて下限値以上であり、床効果を示す項目はみられなかった。また、平均値に標準偏差を加えた得点にも、すべて上限値となる天井効果もみられなかった。

　つぎに、質問項目間の相関係数を算出したところ、相関係数 $r = .26～.51$ の範囲内となり、極端に高い相関を示す項目はみられなかったため、すべての項目を主因子法による因子分析を施した。共通性について.30 を基準として、それを下回った「この会社は対外的にもイメージが良い」「この会社と他の会社とを比較することが多い」の2項目を分析から除外し、再度、主因子

表5-1　組織の独自性に関する因子分析の結果（主因子法）

項目	F1	共通性
3.　良いにつけ悪いにつけ, この会社には特徴がある	.72	.52
2.　この会社には, 独特の考え方や雰囲気がある	.65	.43
1.　この会社は, 競合他社と大きく違う	.59	.35
分散の %	43.16	

法(バリマックス回転)による因子分析を施した。その結果、表5-1に示すとおり1因子解が最適であると判断した。因子は「この会社は競合他社と大きく違う」「この会社には独特の考え方や雰囲気がある」「良いにつけ悪いにつけ、この会社には特徴がある」の3項目で構成されており、他社との比較をともなった組織の独自性に関する項目と考えられるため、この因子を"組織の独自性"と命名した。抽出された因子について Cronbach の信頼性係数を算出したところ、α=.70 となり、尺度についての信頼性が確認された。

5．5　第2分析
組織アイデンティフィケーションの重回帰分析

　第2分析では、組織アイデンティフィケーションの先行要因を明確にするため、本章の第1分析で抽出された組織の独自性と、職務の特性、職場の人間関係、職場環境など個人を取り巻く要因を独立変数とし、組織アイデンティフィケーションを従属変数とした重回帰分析を行い、組織アイデンティフィケーションの先行要因を明らかにすることを目的とした。その際、従属変数に組織アイデンティフィケーションだけでなく組織コミットメントと職務満足感を加え、それらを比較することによって、組織アイデンティフィケーションの先行要因の特性を検討した。なぜなら、組織アイデンティフィケーションと組織コミットメントや職務満足感は、共に個人の組織に対する態度を表している概念であるため、先行要因を比較することで、その違いが明確になると考えたからである。

１）　第2分析に用いた質問項目
　第2分析に用いる概念と質問項目は、以下のとおりである。
(1) 組織アイデンティフィケーション
　組織アイデンティフィケーションに関する質問項目は、第3章で開発した組織アイデンティフィケーション尺度を使用した。質問項目は「この会社で

働いていることは、わたしのイメージを決める大きな要因だ」「この会社の目標は、わたしが目指している目標と同じだ」「『あなたは《所属集団名》らしい人だね』と言われたら、とてもうれしい」などの6項目から構成されている。これらの6項目の合計得点を尺度得点として分析に用いた（α=.88）。

(2) 職務満足感

　職務満足感は、第4章でも用いた質問項目を用いた。質問項目は「今の仕事が好きである」「現在の仕事に満足している」などの4項目の合計得点を分析に用いた（α=.94）。

(3) 組織コミットメント

　組織コミットメントに関する尺度は、第4章で用いた質問項目と同じものである。この組織コミットメントに関する質問項目は、Meyer & Allen (1991) の組織コミットメント尺度の下位概念である情緒的コミットメントに関する「この会社に愛着がある」「この会社で残りの職業生活をおくれることは、幸せなことだと思う」など6つの質問項目を用い、6項目の合計得点を用いた（α=.87）。

(4) 組織の独自性

　組織の独自性に関する尺度は、本章の分析で抽出され信頼性が確認された3項目の合計得点を尺度得点として用いた（α=.70）。

(5) 組織の要因

　職務内容、人間関係、職場環境に関する測定項目は、日本労働研究機構 (2003)が開発したワークシチュエーション尺度のうち、職務内容、人間関係、職場環境に関連する項目を選択し用いた。日本労働研究機構 (2003)は、個人の仕事を取り巻く環境を広範に捉えるため、さまざまな要因を取り上げ検討している。本書では、これらの質問項目のうち、職務内容、人間関係、職場環境に関連する成長感、自律性、リーダーシップ、同僚との関係、昇進・昇

第5章　組織アイデンティフィケーションの先行要因の検討

表5-2　分析に用いた項目の平均と標準偏差

		質問項目	M	SD
組織アイデンティフィケーション	1	この会社で働いていることは，わたしのイメージを決める大きな要因だ	3.36	.77
	2	「自分は《所属集団名》の人間なんだなあ」と実感することが多い	3.03	.74
	3	「あなたは《所属集団名》らしい人だね」と言われたら，とてもうれしい	3.04	.77
	4	この会社の目標は，わたしが目指している目標と同じだ	3.60	.80
	5	わたしとこの会社との間には，強い絆がある	2.83	.77
	6	この会社が事業で成功すると，自分のことのようにうれしい	3.19	.85
職務満足感	7	今の仕事が好きである	3.65	.80
	8	現在の仕事に満足している	3.44	.85
	9	今の仕事に喜びを感じる	3.35	.83
	10	今の仕事にやりがいを感じる	3.46	.83
組織コミットメント	11	この会社で残りの職業生活をおくれることは，幸せなことだと思う	3.43	.85
	12	この会社の一員であることを強く意識している	3.69	.75
	13	この会社にいることで，家族の一員であるように感じられる	2.99	.89
	14	この会社に愛着を感じている	3.61	.80
	15	この会社の問題が，あたかも自分自身の問題であるかのように感じる	3.12	.83
	16	わたしにとって，この会社で働いていることの意義は大きい	3.40	.79
組織独自性	17	この会社は，競合他社と大きく違う	3.32	.70
	18	この会社には，独特の考え方や雰囲気がある	3.55	.74
	19	良いにつけ悪いにつけ，この会社には特徴がある	3.68	.68

			質問項目	M	SD
職務の内容	自律性	20	仕事を行う上で何かを決定するときは，自分で決めることができる	3.06	.83
		21	自分の仕事の手順は，自分で決められる	3.47	.86
		22	自分の仕事のスケジュールは，自分で決められる	3.29	.92
		23	仕事の目標や規準は，自分で定められる	3.18	.85
	成長感	24	経験を積むことによって，より高度な仕事が与えられる	3.31	.82
		25	仕事を通じて，自分自身が成長したという感じを持てる	3.47	.77
		26	仕事において，自分がどのレベルに達したかを把握することができる	3.28	.73
		27	仕事では自分の能力を活かし可能性を伸ばすことができる	3.25	.74
職場の人間関係	リーダーシップ	28	店長は，わたしを含めて部下を正当に扱っている	3.29	.94
		29	わたしの店長は，依怙贔屓(えこひいき)することはない	3.36	.93
		30	わたしの店長は，人間的に尊敬できる	3.32	.91
		31	わたしは，店長に全幅の信頼をおいている	3.28	.92
	同僚との人間関係	32	職場は，友好的な雰囲気である	3.61	.85
		33	わたしの職場の人間関係はよい	3.52	.92
		34	同じ職場で働く人たちの多くに好感をもてる	3.63	.85
		35	同じ職場で働く人たちの間では，みんな気持ちがしっくり合っている	3.33	.85
職場環境	労働条件	36	休日や休暇は満足にとることができる	3.47	.88
		37	残業も含めて今の労働時間は適切といえる	3.32	.90
		38	職場は安全で衛生的である	3.54	.79
		39	仕事をしていて，体に悪いと思うようなことは，特にない	3.48	.94
	昇進・昇格	40	昇進・昇格は公平，客観的に行われている	3.05	.79
		41	適切な人が，適切な時期に昇進している	2.98	.76
		42	十分なポスト，活躍の場が用意されている	2.99	.72
		43	各人の希望にそったキャリア・コースが用意されている	2.98	.71

119

格、労働条件の6要因各4項目のそれぞれの要因の合計得点を分析に用いることにした(順に、α=.84、.77、.93、.87、.74、.89)。以上の質問の回答はすべての項目に対して、あてはまらない（1点）〜あてはまる（5点）の5件法とした。

2）重回帰分析の結果

　組織アイデンティフィケーションの先行要因の特徴を明らかにするため、前述の分析で抽出された組織の独自性と職務の内容、職場の人間関係、職場環境を独立変数として、組織アイデンティフィケーション、組織コミットメント、職務満足感を従属変数とした重回帰分析を行った。

　まず、分析に用いる質問項目の平均値と標準偏差を算出した(表5-2)。つぎに、組織アイデンティフィケーションの先行要因の特徴を検討するため、分析に用いた要因ごとの尺度得点間の相関係数を求めた（表5-3）。その結果、すべての変数間の相関係数には有意な正の相関が認められたため、職務内容、職場の人間関係、職場環境に関する6要因である成長感、自律性、リーダーシップ、同僚との関係、昇進・昇格、労働条件および組織の独自性を独立変数とし、組織アイデンティフィケーション、職務満足感、組織コミットメントを従属変数とした重回帰分析を行った。

　重回帰分析を行うにあたっては、個人要因からの影響力を統制するため、性別、年齢、雇用形態、勤続年数をコントロール変数として投入した。性別については、0を男性、1を女性、雇用形態は、0を正社員、1をパートタイマーとするダミー変数を用いた。年齢と勤続年数は実数を投入した。

　分析の結果は表5-4にみられるように、組織の独自性には、組織アイデンティフィケーションと組織コミットメントに対して有意な正の関係性が確認された。しかし、組織の独自性が組織アイデンティフィケーションに及ぼす影響は $\beta = .26$ $(p < .001)$、一方の組織の独自性が組織コミットメントに及ぼす影響は $\beta = .16$ $(p < .001)$ となり、組織アイデンティフィケーションの方が高い値を示した。また、組織の独自性と職務満足感との間には有意な関係性は認められなかった。組織アイデンティフィケーションに及ぼす影響は、他

表5−3　基礎統計量と変数間の相関係数

		M	SD	α	1	2	3	4	5	6	7	8	9
1	組織同一視	19.05	3.73	.88	-								
2	職務満足感	13.90	3.04	.94	.62***	-							
3	組織コミットメント	20.24	3.81	.87	.78***	.67***	-						
4	組織の独自性	10.65	1.63	.70	.39***	.24***	.32***	-					
5	自律性	6.98	1.59	.84	.26***	.32***	.36***	.19***	-				
6	成長感と達成感	6.96	1.34	.77	.49***	.55***	.47***	.30***	.45***	-			
7	リーダーシップ	6.82	1.68	.93	.46***	.42***	.30***	.23***	.23***	.39***	-		
8	同僚との人間関係	7.00	1.60	.87	.36***	.40***	.36***	.16***	.21***	.34***	.40***	-	
9	労働条件	6.62	1.69	.74	.36***	.41***	.12***	.08***	.12***	.26***	.33***	.25***	-
10	昇格と昇進	6.08	1.48	.89	.38***	.32***	.11***	.11***	.13***	.29***	.46***	.34***	.44***

$N=1,698$

$***p<.001$

表5-4 重回帰分析の結果

独立変数	組織アイデンティフィケーション	職務満足感	組織コミットメント
個人変数			
性別 (0:男、1:女)	.03	.02	.00
年齢	.17 ***	.16 ***	.12 ***
雇用形態 (0:正社員、1:非正規)	-.05	.01	-.06
勤続年数	.02	-.02	.07
仕事状況			
組織の独自性	.26 ***	.07	.16 ***
自律性	.00	.07	.15 ***
成長感と達成感	.24 ***	.35 ***	.28 ***
リーダーシップ	.18 ***	.13 ***	.07
同僚との人間関係	.10 ***	.16 ***	.20 ***
労働条件	.14 ***	.21 ***	-.04
昇格と昇進	.11 ***	-.01	.00
R^2	.45	.46	.34
Adj.R^2	.45	.45	.34
F	105.48 ***	107.96 ***	66.85 ***

$***p < .001$

第5章　組織アイデンティフィケーションの先行要因の検討

の要因よりも組織の独自性の影響力が強いことが示された。なお、本分析に用いた変数の VIF は 1.23 となり基準よりも小さい値となり、多重共線性は生じていないと判断した。

５．６　考察

　本章の目的は、組織アイデンティフィケーションの先行要因を明らかにすることであった。本章における第1分析では、第2章の従業員へのインタビュー調査の逐語録から抽出された組織のイメージに関する5つの質問項目についての探索的因子分析を行った。その結果、外集団との比較による内集団が独自性の認識と考えられる3項目から構成される1因子が抽出された。尺度の信頼性を表す Cronbach の α 係数は α=.70 となり、尺度についての信頼性が確認された。抽出された因子に含まれる質問項目は、「この会社は、競合他社と大きく違う」「この会社には、独特の考え方や雰囲気がある」「良いにつけ悪いにつけ、この会社には特徴がある」の3つであり、いずれの項目も自分が所属している組織は他の組織とは相違した組織であるという内容であり、内集団と外集団を区分する内容である。このことは、組織アイデンティフィケーションの一つのアプローチ方法となっている社会的アイデンティティ理論の根底にある考え方である "わたしたち" と "かれら" というカテゴリー化を促すために必要な組織の条件であると考えられる。第2章のインタビューデータには、企業理念や行動規範といった経営理念に関する発言が数多くみられたが、こうした組織の価値観が組織の独自性を生み出す要因であるとも考えられる。すなわち、組織の価値観は組織内に浸透することによって、組織成員の規範となり組織の一体感をもたらすだけでなく、それらが実践されることによって組織の風土や文化へと醸成されるといえるだろう。さらに、それらは、その組織自体が他の組織とは違うことを明確にすると推察される。本章では、第1分析で抽出された因子を "組織の独自性" と命名し、以降の分析を試みた。

第2分析では、職務内容、職場の人間関係、職場環境と、第1分析で抽出された組織の独自性が組織アイデンティフィケーションに及ぼす影響を職務満足感および組織コミットメントと比較することによって探索的に検討した。分析の結果、組織の独自性は組織アイデンティフィケーションに対して高い影響力を示した。また、組織アイデンティフィケーションを従属変数とした場合において、組織の独自性が他の組織要因よりも、組織アイデンティフィケーションに有意な正の影響を及ぼすことが示された。これらの結果は、組織の独自性が組織アイデンティフィケーションに対して影響を及ぼす重要な要因であることを意味している。

　そのほかにも、組織アイデンティフィケーションに影響を及ぼす要因として、成長感と達成感は組織アイデンティフィケーションに対して正の関係を示しており、その重要性が示唆される。この結果から、組織にとって重要な職務を通じて得られる達成感や自己が成長することは、組織アイデンティフィケーションを高めるのに重要な要因であると考えられる。また、労働条件や昇格・昇進は、組織アイデンティフィケーションに対して正の関係にあった。適切な労働時間や自己が認められることは、従業員の心理的安寧にとって必要不可欠と考えられる。また、職場の人間関係といった同じ職場で働く人々との対人的要因との関係性も組織アイデンティフィケーションと正の関係を示しており、その重要性が示唆される。しかしながら、これらの変数と組織アイデンティフィケーションの関係は、職務満足感や組織コミットメントを従属変数とした場合の値よりも低く、組織アイデンティフィケーションとの関係性はそれほど強くはないといえるであろう。

　組織の独自性が組織アイデンティフィケーションに影響を及ぼすという本章における分析結果は、1）組織の魅力、2）組織価値と組織イメージの類似、3）他の組織との相違、4）個人の自尊感情を高めるものの4つが高まることで、従業員の組織に対する同一視は高まるとする Dutton *et al.*（1994）の指摘と一部符合する。組織アイデンティフィケーションに影響を及ぼす要因は、内集団と外集団を区別することであり、我々は他社とは相違しているという認知が組織アイデンティフィケーションの獲得のための重要な要因であ

るといえるであろう。つまり、独自性の高い組織に対する認知がポジティブ
な形で顕在化することによって、組織を同一視する度合いが高まると考えら
れる。第2章のインタビューデータに基づいた質的研究の結果では、“組織の
肯定的なイメージ”と“組織成員としての自己意識”の関係について、“組織
の評判”と“外集団との比較”によって組織の魅力が知覚され、この魅力あ
る組織の一員であるという認知によって、組織成員の自尊感情が高まると考
察した。自尊感情とは、自分自身が基本的に価値あるものだという評価的な
感情を含む認知である。すなわち、組織に対するポジティブな評価は、そこ
で働く従業員である自分自身の評価でもあるため、自尊感情が高まると考え
られる。社会的アイデンティティ理論では、人は肯定的な自尊心を得ること
や維持するために動機づけられることを前提としている（Tajfel, 1976）。さ
らに、人は肯定的な社会的アイデンティティを獲得し、維持するために努力
するという原理がある（柿木, 1990）。すなわち、組織に対するポジティブな
感情と自尊感情は関係性があり、成員の自尊感情は組織アイデンティフィケ
ーション獲得のために重要であるといえる。

5．7　まとめ

　本章の目的は、第2章で示された、組織の肯定的なイメージがカテゴリー
化を促進し、従業員の組織に対する同一視を高めるという研究仮説を検証す
ることによって、組織アイデンティフィケーションに影響を及ぼす要因につ
いて明らかにすることであった。

　本章における第1分析では、第2章の従業員へのインタビュー調査の逐語
録から抽出された組織のイメージに関する5つの質問項目についての探索的
因子分析が施された。その結果、外集団との比較による内集団が独自性の認
識と考えられる3項目から構成される1因子が抽出され、信頼性が確認され
た。つづく、第2分析では、職務の内容、職場の人間関係、職場環境と第1
分析で抽出された組織の独自性が組織アイデンティフィケーションに及ぼす
影響について、職務満足感と組織コミットメントを従属変数として比較検討

された。その結果、組織の独自性は、職務満足感や組織コミットメントよりも組織アイデンティフィケーションに対して高い影響力を示した。また、組織アイデンティフィケーションを従属変数とした場合において、組織の独自性が他の職務の内容、職場の人間関係、職場環境などの要因よりも高い影響を及ぼすことが示された。以上の結果から、"組織の独自性"は他の組織要因よりも、組織アイデンティフィケーションに対して説明力の高い規定因であることが明らかとなった。

　しかし、本章における組織アイデンティフィケーションの先行要因に関する研究は1社のデータに基づいて検討されたものであり、組織や業種の相違によって見いだされる結果にも違いが生じる可能性はぬぐい去れない。次章では、複数の企業データに基づいて、組織アイデンティフィケーションの先行要因と結果について検討し、一般化への可能性が検討される。

第6章
組織アイデンティフィケーションの
先行要因と結果
－複数企業のデータを用いたモデルの検証－

６．１　はじめに

　第4章の実証研究では、組織アイデンティフィケーションが組織コミットメントと比較して、文脈的パフォーマンスを促進する効果が高いことが示された。この結果は、組織アイデンティフィケーションが組織成員の自発的な行動にポジティブな影響を及ぼすとする先行研究の結果と一致する結果であった(たとえば、Riketta & van Dick, 2004; van Dick *et al.*, 2006; van Dick, van Knippenberg, Kerschreiter, Hertel, & Wieseke 2008 など)。

　つづく、第5章の実証研究では、組織アイデンティフィケーションは組織の独自性に強く影響を受けた概念であることが示された。組織のイメージを肯定的に捉えることが、成員の組織アイデンティフィケーションを高めるとする先行研究とも一致する結果であった（たとえば、Wan-Huggins *et al.*, 1998; Fuller, Marler, Hester, Frey, & Relyea, 2006 など）。

　しかし、前章までの組織アイデンティフィケーションの先行要因と結果に関する実証研究は、一企業の事例を取り扱ったものであり、導かれた関係性が他の組織にも共通しているかについては言及されているわけではない。そこで本章では、一般企業 15 社を対象に組織の従業員の文脈的パフォーマンスを促進する要因として組織アイデンティフィケーションと組織の独自性を取り上げ、3 者間の連鎖的モデルの有効性を確認することを第1の目的とした。このモデルが他の組織でも有効であるかを確認することは、一般企業に

おける組織マネジメントの観点からも重要なことであると考えられる。また、わが国の労働者のうち、全労働者の 1/3 を占めるパートタイマーをはじめとする非正規労働者の増加は、組織の多様性の導入をもたらす要因の一つであるといえ、組織はこの多様性を認識した上でマネジメントすることが組織の成功への鍵となるとも考えられる。本章では、従業員の文脈的パフォーマンスを促進する連鎖的モデルを雇用形態別に検討し、正規労働者とパートタイマーとで違いがあるか否かを明らかにすることを第 2 の目的とした。このモデルを雇用形態別に検討することは、雇用が多様化している組織をマネジメントする上で、重要な意味合いを持つと考えられる。

6. 2　課題の設定

1) 組織の独自性と組織アイデンティフィケーションの関係

第 5 章では、組織アイデンティフィケーションの先行要因として、外部の組織に対する評価と共に外集団との比較によって得られる組織の独自性の重要性が指摘され、組織の独自性と組織アイデンティフィケーションには正の関係性があることが報告されている。

先行研究においても、組織アイデンティフィケーションに関する先行研究のメタ分析を行った Riketta (2005) は、組織の名声や組織の威信などの組織に対する肯定的なイメージと組織アイデンティフィケーションとの間には r =.56 の有意な相関があったことを報告している。従業員の組織に対する同一視と組織のイメージとの関係性を指摘した Dutton *et al.* (1994) も、外部からの評価や外集団との比較によって認知される組織の特質が、組織の同一視に影響を及ぼす重要な要因であるとしている。さらに Dutton *et al.* (1994) は、組織イメージと組織アイデンティフィケーションの関係について、組織イメージが、1)組織の魅力、2)組織価値と組織イメージとの類似、3)他の組織との相違、4)組織イメージが自尊感情を高めるものであるほど、組織アイデンティフィケーションが高まるとしている。Dutton & Dukerich (1991) は、組織イメージを"他者が当該組織について特色であるとみなしていると

第6章　組織アイデンティフィケーションの先行要因と結果
　　　－複数企業のデータを用いたモデルの検証－

当該組織メンバーが考えるもの"と定義しており、先行研究で想定されている組織のイメージとは、他の組織とは相違した自社の独自性であるといえる。また、Wan-Huggins *et al.* (1998) は、組織イメージと組織アイデンティフィケーションの関係について検討し、両者の間には有意な正の相関があることを報告している。

2）組織アイデンティフィケーションと文脈的パフォーマンスとの関係

　第4章では、組織アイデンティフィケーションとその類似性が指摘される組織コミットメントとの弁別を目的として、これら2つの概念と、職務態度および職務行動との関係性が検証された。職務態度を表す概念として、職務満足感と離転職意向を用い、従業員の職務行動を表す概念として、直接的な職務に貢献をする活動ではないが、職務が機能するための組織的・社会的・心理的環境を支援する活動であるとされる文脈的パフォーマンスに注目し、組織アイデンティフィケーションとの関係性が検証された。分析の結果、組織コミットメントは職務満足感、離転職意向への影響力が強く、一方の組織アイデンティフィケーションは文脈的パフォーマンスに対して、組織コミットメントよりも有意に高い正の影響を及ぼしていた。その結果、組織アイデンティフィケーションと組織コミットメントとは弁別は可能であり、組織アイデンティフィケーションは文脈的パフォーマンスに正の影響を及ぼす要因であることが示された。

　先行研究においても、組織アイデンティフィケーション研究でも、成員の組織アイデンティフィケーションが高まることで、組織に留まりたいという気持ちが高まり、組織内の他者との協力を惜しまず、選択が必要な場面において組織目標に基づいた意思決定を下すなど、組織にとって望ましい行動に結びつくことが指摘されている（Ashforth & Mael, 1989; van Dick, 2001; Riketta, 2005; Edwards, 2005 など）。Riketta (2005) の組織アイデンティフィケーションに関するメタ分析では、組織アイデンティフィケーションと役割外行動との間には $r = .35$ の有意な相関があることが示されている。

Riketta (2005) のメタ分析で取り上げられている役割外行動には、類似する成員の自発的な行動が含まれている。たとえば、組織アイデンティフィケーションと組織市民行動の相関が $r = .36$ であるなどである（van Dick *et al.*, 2006）。

3）組織の独自性と組織アイデンティフィケーションおよび文脈的パフォーマンスの関係

組織の独自性→組織アイデンティフィケーション→文脈的パフォーマンスという一連の関係性については、Dukerich, Golden, & Shortell (2002) が実証研究を行っている。Dukerich *et al.* (2002)は、医療関係者 1,504 名のサンプルに基づいて、外部評価による組織イメージと組織の魅力の認知が組織アイデンティフィケーションに正の影響を及ぼし、それらの影響を受けた組織アイデンティフィケーションが従業員間の協力行動と組織市民行動に影響を及ぼすというモデルの検討を行った結果、このモデルの有効性を示唆している。しかしながら、この研究の調査参加者は、診療所、病院、介護福祉施設などの専門性の高い医療関係者であり、専門性の高い医療職に対する職業に対するアイデンティティも高いことが予想される。すなわち、それぞれの組織へのイメージというよりも、医療そのものに対する外部の評価が先行要因となっているとも考えられる。したがって、対象となる組織が一般企業の場合にはこのモデルが有効であるとはいいがたく、一般企業の従業員を対象とした場合には、相違した結果となる可能性も推測される。

そこで本書では、先行研究で得られた知見から、組織の独自性、組織アイデンティフィケーション、文脈的パフォーマンスの関連性について、一般企業の従業員を対象に図6-1に示すモデルの検証を行うことにした。

4） 雇用形態の相違による比較

わが国では、雇用の短期化や多様化が顕著となっている。平成 26 年度就業形態の多様化に関する総合実態調査（厚生労働省, 2015）によれば、非正規労働者が全労働者に占める割合は 4 割を超えており、その割合は年々増加し

第6章 組織アイデンティフィケーションの先行要因と結果
－複数企業のデータを用いたモデルの検証－

ている。中でも、パートタイマーは非正規労働者の約6割を占める重要な労働力となっており、企業経営にとっては不可欠な存在となっている。これらのパートタイマーの帰属意識に関する研究においても組織コミットメントが用いられ、正規労働者とパートタイマーを比較し、その水準に差があるかについて検討されている(咸, 1991; 鈴木, 2002)。その結果、パートタイマーは労働時間や賃金においても正規労働者との差があることや、パートタイマーは長期雇用が見込まれていないこと、また、働く理由も正規労働者との違いがあることが原因となって、パートタイマーと正規労働者の帰属意識には違いがあると考えられている。しかし、これらの研究の結果がすべて一致しているわけではない。

組織アイデンティフィケーションに関する先行研究の知見からは、集団の一員であるというカテゴリー化によって社会的アイデンティティが意識されるため、個人と組織との本質的な関係性を把握することが可能であると考えられる。したがって、組織アイデンティフィケーションという概念の下では、労働条件に差があったとしても、個人と組織の関わり方やそれらが職務行動に及ぼす影響には差はないことも予想される。本章では組織の独自性が組織アイデンティフィケーションに及ぼす影響と、組織の独自性によって影響を受けた組織アイデンティフィケーションが文脈的パフォーマンスに及ぼす影響に関する説明モデルが、正規労働者とパートタイマーとで違いがあるのかについても検討することにした。

注) 観測変数および誤差変数は図中から省略している。

図6-1 本章における多重指標モデル

6．3　調査の概要と分析の方法

1）調査対象者

　スーパーマーケット団体 C の加盟企業 15 社の従業員を対象に 2011 年 1 月 15 日から 2011 年 2 月 28 日まで調査を実施した。サンプル抽出には研究者の恣意性を介入させないために各企業の人事担当部門に郵送でデータ収集を依頼し、質問紙の配布から回収までを行ってもらった。回答は任意とし、すべて無記名とした。すべての質問に回答したものを有効回答とした結果、381 データが有効回答（84.6%）であった。対象者はすべてスーパーマーケットの店舗で働く従業員であった。381 名の内訳は、正規労働者が 150 名（39.4%）、パートタイマーが 231 名（60.6%)であった。性別は男性が 129 名（33.9%）、女性が 252 名（66.1%）、全体の平均年齢は 41.33 歳（±12.51)、全体の平均勤続年数は 8.50 年(±7.84)であった。

2）調査内容

(1) 組織の独自性

　第 5 章で抽出された 3 項目から構成される質問項目を用いた。質問内容は「この会社は、競合他社と大きく違う」などの 3 項目に対して、あてはまらない（1 点）〜あてはまる（5 点)の 5 件法で回答を求めた（α=.71）。

(2) 組織アイデンティフィケーション

　組織アイデンティフィケーションの尺度は、第 3 章で開発した 6 項目から構成される尺度を使用した。質問項目は「この会社で働いていることは、わたしのイメージを高める大きな要因だ」「『あなたは《所属組織名》らしい人だね』と言われたら、とてもうれしい」などの 6 項目であった。これらの項目について、あてはまらない（1 点）〜あてはまる（5 点)の 5 件法で回答を求めた（α=.82）。

第6章 組織アイデンティフィケーションの先行要因と結果
－複数企業のデータを用いたモデルの検証－

（3）文脈的パフォーマンス

　文脈的パフォーマンス尺度（池田・古川, 2008）は、第4章に用いた尺度と同じものを用いた。質問項目は、「積極的に難しい仕事に取組んでいる」などの6項目からなる自己の職務への専念、「自発的に職場内の同僚を手助けしている」など7項目からなる同僚に対する協力、「職場内での仕事の情報を共有しようとしている」などの6項目からなる職場に対する協力という3つの下位概念から構成される。本分析では各尺度の合計得点を尺度得点として用いた（自己の職務への専念：$\alpha = .85$、同僚に対する協力：$\alpha = .84$、職場に対する協力：$\alpha = .83$）。質問の回答はすべての項目に対して、あてはまらない（1点）〜あてはまる（5点）の5件法で回答を求めた。

（4）職務満足感

　文脈的パフォーマンスは、個人の主観的なパフォーマンスへの知覚であり、客観的なパフォーマンスとはいいがたい。そこで本書では、3要因の質問項目の他に、コントロール変数として分析に投入することを目的として「現在の仕事に満足している」「今の仕事に喜びを感じる」などの職務満足感に関する4つの質問を含め回答を求めた。なぜなら、職務満足感が高い回答者は、自己のパフォーマンスへの重要度が高く、自己評価を高める傾向にあると考えられるほか、逆に、自分のパフォーマンスよりも組織や職場全体のパフォーマンスを重視し、自己のパフォーマンスを特に高く評価しない可能性があるなど、職務満足感が他の変数に影響を及ぼすと考えられるからである。それらの影響を一定にすることで、変数の客観性を保つことが可能であると考えた（$\alpha = .92$）。以上の質問の回答はすべての項目に対して、あてはまらない（1点）〜あてはまる（5点）の5件法とした。

　なお、因子得点は合計得点よりも検出力は高いが、平均を0、分散を1とする作業によってデータの独立性が壊れる可能性もあると考えられるため、本章では調査項目ごとの単純合計得点を尺度得点として分析に用いることにした。

３）分析方法

(1) 測定項目の記述統計と尺度の信頼性の検討

　本書において使用した尺度である組織の独自性、組織アイデンティフィケーション、文脈的パフォーマンスの各項目を分析に用いることが可能であるかを判定するために、測定項目の平均値、標準偏差、歪度、尖度を算出した。

(2) 組織の独自性－組織アイデンティフィケーション－文脈的パフォーマンスモデルの検討

　本章で第１に明らかにしようとしているのは、組織の独自性が組織アイデンティフィケーションに与える効果と、組織の独自性によって影響を受けた組織アイデンティフィケーションが文脈的パフォーマンスに与える効果である。そのためには、組織の独自性を独立変数、組織アイデンティフィケーションを媒介変数、そして文脈的パフォーマンスを従属変数とした分析を用いることが適切であると考えた。本章では、組織の独自性、組織アイデンティフィケーションおよび文脈的パフォーマンスの因果関係を検討するために、共分散構造分析を用い図６-２に示すモデルの検証を行うことにした。モデル採択の基準として、ケース数の影響を受けやすいカイ２乗の有意確率は参考とせず、適合度判定を GFI（Good fit index）、AGFI（Adjust good fit index）、CFI（Comparative fit index）、RMSEA（Root means square error of approximation）を採用した。豊田（1992）はモデルの適合度判定として、GFI が 0.9 以下であれば棄却することを推奨しているが、本書では GFI に加え、AGFI、CFI の適合度判定基準も.90 以上、RMSEA の採択基準は.08 以下とした。なお、本章における分析は Amos 19.0 を用いた。

(3) 雇用形態別の組織の独自性－組織アイデンティフィケーション－文脈的パフォーマンスモデルの検討

　本章のもう一つの目的である、雇用形態によって組織の独自性－組織アイデンティフィケーション－文脈的パフォーマンスモデルに相違があるか否かについて検討するために、３つのモデルを設定し、多母集団同時分析による

第6章　組織アイデンティフィケーションの先行要因と結果
－複数企業のデータを用いたモデルの検証－

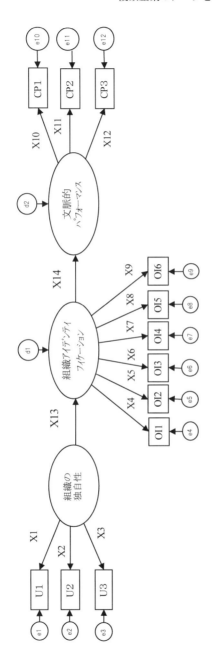

図6-2　分析に用いた組織の独自性－組織アイデンティフィケーション－文脈的パフォーマンスモデル

モデル検証を行った。モデルの適合度判定は、前述のとおり GFI、AGFI、CFI、RMSEA を用いた。モデル採択基準としては、複数モデルの比較に有効な基準である AIC（Akaike's information criterion）と BCC（Browne-Cudeck criterion）を用いた。AIC および BCC は複数モデルを比較する場合、より小さい値を示すモデルの適合度が高いと判断される（山本・小野寺, 2002 など）。分析に用いた 3 つのモデルは以下のとおりである。

① Model 1：制約なし

　Model 1 は、すべてのパス係数に制約を課さず、すべてのパス係数が雇用形態によって異なることを仮定したモデルである。

② Model 2：X1〜X12

　Model 2 は、潜在変数から観測変数へのパス係数に等値制約を課すことで、雇用形態別に抽出している潜在変数は同質のものとして、潜在変数間のパス係数が雇用形態によって異なることを仮定したモデルである。

③ Model 3：X1〜X14

　Model 3 は Model 2 に加え、雇用形態別の潜在変数間のパス係数にも等値制約を課し、雇用形態が相違していても潜在変数間のパス係数が等しいことを仮定したモデルである。

　なお、観測変数にはすべて誤差変数（e 1〜e12）をつけ、従属変数となる潜在変数には攪乱変数（d 1, d 2）をつけた。また、すべての誤差変数、攪乱変数からの観測変数へのパス係数はすべて 1 に固定した。

6.4　結果

1）測定項目の記述統計

　まず、測定項目の平均値、標準偏差、歪度、尖度を表 6-1 に示す。記述統

第6章　組織アイデンティフィケーションの先行要因と結果
－複数企業のデータを用いたモデルの検証－

表6-1　調査項目の記述統計量（平均値，標準偏差，歪度，尖度）

No	項目内容		平均	標準偏差	歪度	尖度
組織の独自性						
U1	この会社は，競合他社と大きく違う		3.26	.78	-.18	.26
U2	この会社には，独特の考え方や雰囲気がある		3.72	.75	-.29	-.12
U3	良いにつけ悪いにつけ，この会社には特徴がある		3.72	.77	-.50	.44
組織アイデンティフィケーション						
OI1	この会社で働いていることは，わたしのイメージを高める大きな要因だ		3.30	.88	-.09	-.17
OI2	「自分は『所属組織名』の人間なんだなあ」と実感することが多い		3.14	.85	-.38	.19
OI3	「あなたは『所属組織名』らしい人だね」と言われたら，とてもうれしい		3.17	.88	-.40	.29
OI4	この会社の目標は，わたしが目指している目標と同じだ		3.47	.90	-.30	.21
OI5	わたしとこの会社との間には，強い絆がある		2.86	.84	-.08	.31
OI6	この会社が事業に成功すると，自分のことのようにうれしい		3.31	.97	-.34	-.02
自己の職務への専念		合計得点　21.01				
CP1-1	与えられた仕事に細心の注意を払って働いている		4.00	.63	-.58	.85
CP1-2	積極的に難しい仕事に取組んでいる		3.19	.72	.13	.92
CP1-3	課題達成のため，常に困難を乗り越えようとしている		3.48	.73	-.37	.54
CP1-4	周囲の期待以上に一生懸命働いている		3.34	.72	.01	.38
CP1-5	自分の知識や技術を高めるよう努力している		3.65	.70	-.53	.98
CP1-6	自ら率先して，仕事上の問題を解決しようとしている		3.35	.76	-.37	.47
同僚に対する協力		合計得点　24.98				
CP2-1	同僚が良い仕事をした時にはほめている		3.86	.71	-.61	.46
CP2-2	職場内の同僚を公平に扱っている		3.76	.71	-.79	.55
CP2-3	同僚の意見やアイデアに対して，自分の考えや意見を言っている		3.48	.82	-.62	.74
CP2-4	仕事の問題を抱える同僚を支援したり勇気づけたりしている		3.48	.72	-.36	.65
CP2-5	自発的に職場内の同僚の手助けをしている		3.63	.71	-.50	.88
CP2-6	同僚に対して，自分の意見やアイデアを提供している		3.36	.78	-.50	.35
CP2-7	同僚の仕事上の問題が解決できるよう進んで手助けしている		3.41	.74	-.46	.55
職場に対する協力		合計得点　20.60				
CP3-1	職場で起こった問題やトラブルを進んで解決しようとしている		3.53	.74	-.48	.63
CP3-2	職場内のさまざまな意見の調整を行おうとしている		3.36	.78	-.21	.42
CP3-3	仕事上，自分のやろうとしていることを，事前にみんなに伝えている		3.44	.73	-.19	.32
CP3-4	職場内での仕事の情報を共有しようとしている		3.70	.69	-.71	.74
CP3-5	職場全体の意欲を高めるようなことを話している		3.17	.74	-.10	.65
CP3-6	職場内の仕事がスムーズに進むようアイデアを提供している		3.39	.78	-.32	.42
職務満足感						
JS1	今の仕事が好きである		3.67	.83	-.80	.39
JS2	現在の仕事に満足している		3.41	.90	-.51	.20
JS3	今の仕事に喜びを感じる		3.32	.88	-.24	.39
JS4	今の仕事にやりがいを感じる		3.48	.88	-.50	.24

137

計の結果によれば、極端に分布が偏っている項目は認められないため、すべての項目を共分散構造分析に用いることが可能であると考え分析を進めた。

2）コモン・メソッド・バリアンスの有無の確認

　本書における調査では、独立変数と従属変数を単一の回答者に尋ねているため、コモン・メソッド・バリアンス（common method variance）が問題となる可能性がある。コモン・メソッド・バリアンスとは、観測される分散が測定された真の分散ではなく、測定された方法によるというものである。例えば、ＡＢの相関仮説を、同一調査で測定した変数Ａおよび変数Ｂを用いて分析した場合、高い相関があったとしても、それは、ＡＢ間に真の相関があるのか、ＡＢが同じ方法で測定されているからなのか疑わしいとするものである。

　Podsakoff & Organ (1986)は、コモン・メソッド・バリアンスの有無を確認する一つの方法として、ハーマン単一因子テストを推奨している。ハーマン単一因子テストでは、分析に用いる概念に関する質問項目を探索的因子分析した結果が、因子が一つのみしか抽出されない場合、あるいは、第1因子の分散が全体の分散の大多数となる場合に、コモン・メソッド・バリアンスの問題が生じている可能性が指摘される。本書では、分析に用いる3つの概念に関する項目に対して探索的因子分析を施した。その結果、3つの因子が抽出され、第1因子の分散は 26.89%であった。これらの結果から、コモン・メソッド・バリアンスの問題は生じている可能性が低いと判断し、分析を進めることにした。

3）組織の独自性－組織アイデンティフィケーション－文脈的パフォーマンスモデル分析結果

　組織の独自性、組織アイデンティフィケーションおよび文脈的パフォーマンスの各尺度間の因果関係を検討するために、共分散構造分析を用いたモデルの検証を行った。モデルの適合度は、GFI＝.92、AGFI＝.88、CFI＝.93、RMSEA＝.09、となり、GFI、CFI、RMSEA の3つの領域で統計的な基準を

第6章　組織アイデンティフィケーションの先行要因と結果
　　　－複数企業のデータを用いたモデルの検証－

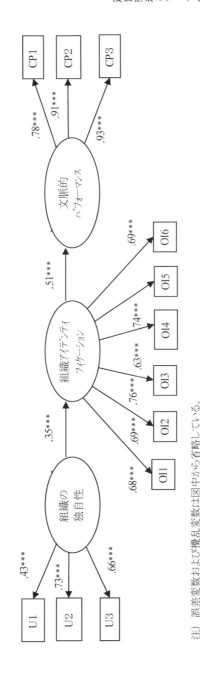

注）誤差変数および攪乱変数は図中から省略している。
適合度指標：GFI=.915, AGFI=.878, CFI=.929, RMSEA=.085, ***p<.001

図6-3　組織の独自性－組織アイデンティフィケーション－文脈的パフォーマンスモデル（標準化推定値）

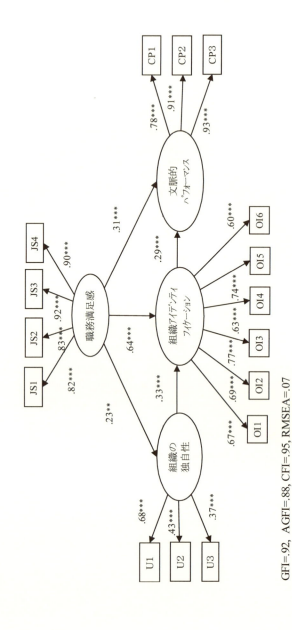

GFI=.92, AGFI=.88, CFI=.95, RMSEA=.07
注）誤差変数および攪乱変数は図中から省略している。
***p<.001, **p<.01

図6-4 職務満足をコントロール変数とした場合の共分散構造分析の結果（標準化推定値）

第6章　組織アイデンティフィケーションの先行要因と結果
　　　　－複数企業のデータを用いたモデルの検証－

充たしていたことから、本モデルが適合範囲内であると判断された。結果は
図6-3 に示すとおり、組織の独自性から組織アイデンティフィケーション
へのパス係数は $\beta=.35$（$p<.001$）となり、有意であった。また、組織アイデン
ティフィケーションから文脈的パフォーマンスへのパス係数は $\beta=.51$
（$p<.001$）を示し、有意であった。

　つぎに、職務満足感による影響を統制するため、職務満足感をコントロー
ル変数として投入し、それが組織の独自性、組織アイデンティフィケーショ
ンおよび文脈的パフォーマンスに及ぼす影響を踏まえた上でのモデル検証を
行った。その結果は図6-4 に示すとおり、職務満足感による影響（β's $>.23.$
p's$<.01$）を制御してもなお、本モデルの潜在変数間のパス係数は、順に $\beta=.33$、
$\beta=.29$ となり、いずれも $p<.001$ 水準で有意な値であった。なお、このモデ
ルも統計的な基準を概ね充たしていた。

4）雇用形態別の組織の独自性、組織アイデンティフィケーション、文脈的パフォーマンスモデルの比較結果

　雇用形態によって、組織の独自性－組織アイデンティフィケーション－文
脈的パフォーマンスモデルに相違があるか否かについて検討するために設定
した3つのモデルについて検証を行った。AIC および BCC の2つの基準で
3つのモデルを比較検討したところ、表6-2に示すとおり Model 3 が最も低
い値を示した。この結果、仮説モデルのうち、潜在変数から観測変数へのパ
ス係数に等値制約を課し、潜在変数間のパス係数は雇用形態が相違していて
も等しいことを仮定した Model 3 が最良モデルであると判断された。

表6-2　各モデルの適合指標

	GFI	AGFI	CFI	RMSEA	AIC	BCC
Model 1	.90	.86	.94	.06	339.41	347.53
Model 2	.90	.86	.94	.06	328.53	335.24
Model 3	.90	.87	.94	.06	326.51	332.91

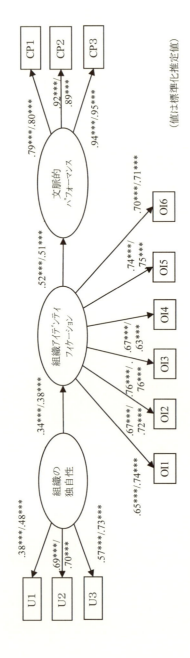

注) 誤差変数および攪乱変数は図中から省略している。
注) パス係数は，左（上）が正社員，右（下）がパートタイマーを表している。

図6-5 Model 3の雇用形態別の組織の独自性－組織アイデンティフィケーション－文脈的パフォーマンスモデル

第6章　組織アイデンティフィケーションの先行要因と結果
－複数企業のデータを用いたモデルの検証－

　以上の結果から、パス係数は等質であると判断される。図6-5はModel 3の等値制約をかけた正社員モデルとパートタイマーモデルを示している。モデルの値は標準化推定値を示しており、それぞれの集団の分散が異なっているため、パスの値は異なった値が表示されているが、非標準化推定値においては同一である。この結果から、正社員とパートタイマー間でのモデルに差はなく、正社員パートタイマーともに同一の因果モデルが適用できることが明らかになった。

　つまり、組織の独自性の認知が組織アイデンティフィケーションに影響を与え、組織アイデンティフィケーションの獲得が文脈的パフォーマンスに影響を与えるという一連の関係は、正社員だけでなくパートタイマーともに同じように生じることが明らかになったといえる。

6．5　考察

　本章では、組織の独自性が組織アイデンティフィケーションに与える効果および、組織の独自性によって影響を受けた組織アイデンティフィケーションが、従業員の文脈的パフォーマンスに与える影響を解明することを試みた。また、組織の独自性－組織アイデンティフィケーション－文脈的パフォーマンスモデルが雇用形態の違いによって相違があるかについて検討した。

　まず、組織の独自性－組織アイデンティフィケーション－文脈的パフォーマンスの連鎖モデルの適合度は、統計的な基準を充たしていた。組織の独自性から組織アイデンティフィケーションへのパス係数は $\beta = .35$、組織アイデンティフィケーションから文脈的パフォーマンスへのパス係数は $\beta = .51$ を示し、どちらも $p < .001$ 水準で有意であった。その結果、組織の独自性－組織アイデンティフィケーション－文脈的パフォーマンスモデルの有効性が確認された。その結果は、Dukerichi *et al.*（2002）の結果と一致するものであった。さらに、この結果は、第2章のインタビューデータに基づいた質的研究の結果を図式化したモデル図2-1とも一致する。組織イメージと組織アイデンティフィケーションの関係について、図2-1では、組織の肯定的なイメ

143

ージが知覚されることによって、成員の自尊感情が高まると考えられていた。本章では、組織の肯定的なイメージについての質的データを検討した結果、組織の肯定的なイメージとは組織の独自性であると考えられた。すなわち、他の組織とは相違した独自性の高い組織であることは、外集団との内集団の区別を明確にするだけでなく、組織そのものの魅力であると感じられると考えられる。成員の自尊感情が高まること、つまり、社会的自己を基本的に価値あるものとして評価し信頼することによって、積極的かつ意欲的に組織内でさまざまな経験をし、それらに満足を感じるのだといえるであろう。また、自分自身が価値ある存在であるとする認知は、個人の行動や態度を方向づけると考えられる。自尊感情の高い個人は、組織内で起こる困難にも粘り強く努力し、他者からの批判にも左右されないなど、感情的に安定したパフォーマンスが遂行されると考えられる。以上から、組織アイデンティフィケーションに影響を及ぼす要因は、内集団と外集団を区別することであり、我々は他社とは相違しているという認知が成員性を明確にするといえる。そして、組織に対する認知がポジティブな形で顕在化することで、組織を同一視する度合いが高まるといえるであろう。

　また、本書では、組織アイデンティフィケーションを「組織成員の認知と価値の内在化を伴う組織との絆の強さ」と定義しており、組織との一体感や運命共同体として組織を自己概念に位置づけようとする概念であると考えている。組織を同一視しているという心理状態は、成員と組織とが同じ方向に歩むことであると理解でき、そのため、成員の組織への関心も高まると考えられる。そして、組織への関心が高まった成員は、肯定的な社会的アイデンティティを維持するために、自らが属している組織をより良くしようとし、職務行動も自発的に行われると推測される。

　つぎに、多母集団同時分析によって、観測変数および潜在変数間のパス係数が、雇用形態に関わらず等しいことを仮定したモデルが最適であることが示された。正規労働者とパートタイマーともに組織の独自性の認知が組織を同一視する度合いを高め、組織の独自性の影響を受けた組織アイデンティフィケーションが、文脈的パフォーマンスに正の影響を及ぼすというモデルが

第6章　組織アイデンティフィケーションの先行要因と結果
－複数企業のデータを用いたモデルの検証－

成立することが明らかになったことになる。すなわち、雇用形態に関わらず、成員は自らが属している組織の独自性を強く認知した時に組織に対する同一視が高まり、組織の価値や目的に沿った行動を自発的にとろうとするといえる。実践的には、雇用形態に関わらず組織成員は、自らが属している組織が他の集団とは相違した独自の集団であることを認知することによって組織アイデンティフィケーションが高まり、組織アイデンティフィケーションが高められた成員は組織的な活動に自主的に参加し、同僚との協働意識や組織に対する貢献意欲を示すと解釈できる。一般的にパートタイマーの組織に対する帰属意識は低いと考えられてきた。しかし、本書の結果、正規・非正規に関わらず自社には他社とは相違した独自性があることを強く認識することによって、自発的な行動をとるといえるであろう。この理由について考察すると、第5章でも指摘したとおり、組織成員であることによって得ることができる自尊感情は組織アイデンティフィケーションの原動力である。一般に、人は自尊感情を高く維持する、あるいは高揚するよう動機づけられるとされ、こうした人間本来の存在価値の認知である自尊感情は、職位や地位に関わりなく生起すると考えられる。

　本書の結果、経営の観点からみた組織アイデンティフィケーションは、成員自らが属している組織の特性をどれだけ肯定的に捉えるかということが、成員の組織への社会的アイデンティティの獲得に大きな影響を及ぼし、さらには、成員の組織の価値や目的に沿った自発的な行動を促進するという機能があるといえる。しかし、自社には他社と違った独自性があるとする時、それは成員個々の認識だけでなく、組織に対する外部からの評価も成員の認識に大きな影響を及ぼすと推測される。したがって、組織マネジメントは、自社は他社と相違した独自の組織であると確信するだけでなく、それを外部に対して提示していくことが必要であり、また、組織が高く評価されることによって、成員が組織を肯定的に捉えようとする認知にも大きな影響を及ぼすと推測される。

6.6 まとめ

　本章では、小売流通業15社の企業従業員381名のサンプルデータを用い、組織の独自性が組織アイデンティフィケーションに与える効果および、組織の独自性によって影響を受けた組織アイデンティフィケーションが、従業員の文脈的パフォーマンスに与える効果を実証的に解明することを試みた。さらに、雇用形態が相違した従業員が混在する組織において、雇用形態の違いによって、組織の独自性－組織アイデンティフィケーション－文脈的パフォーマンスモデルに相違があるか否かについて検討した。

　本章における分析の結果、複数の企業従業員を対象とした場合にあっても、組織の独自性、組織アイデンティフィケーション、文脈的パフォーマンスの3者間の連鎖モデルの有効性が確認された。また、この連鎖モデルを雇用形態別に検討した結果においても、正規労働者とパートタイマーとで違いはみられなかった。

　これらの結果、組織の独自性、組織アイデンティフィケーション、文脈的パフォーマンスの連鎖モデルは、他の組織の違いや雇用形態の違いに関わりなく、共通した結果をもたらすことが明らかになったといえるであろう。

終章
結論と含意

1．要約と結論

　本書は、成員と組織との関係を、これまで多用されてきた社会的交換理論に基づいた組織コミットメントという概念ではなく、社会的アイデンティティ理論をアプローチ方法とした組織アイデンティフィケーションという概念を用いて検討し、帰属意識研究に新たな視点を加えようとしたものである。

　社会的アイデンティティ理論アプローチによる組織アイデンティフィケーション研究では、成員の組織アイデンティフィケーションが高まることで、組織に留まりたいという気持ちが高まり、組織内の他者との協力を惜しまず、組織にとって望ましい行動に結びつくという、組織コミットメントと同様に組織にとってポジティブな効果をもたらすことが指摘されており、組織アイデンティフィケーションは個人の組織に対する帰属意識を検討する上で有益な概念であると考えられる。しかし、その概念や測定方法に関しても研究者によって相違があり、また、類似概念である組織コミットメントとの相違が明確になっていないなどの問題も指摘されている。

　そこで、本書では、組織アイデンティフィケーションはいかなる心理状態を表すのか、組織アイデンティフィケーションは何によって規定され、また組織アイデンティフィケーションはどのような変数に影響を及ぼすのかを明らかにすることを目的として検討した。さらに、組織アイデンティフィケーションに影響を及ぼす要因および組織アイデンティフィケーションが影響を及ぼす要因に関する一連のプロセスは、わが国の多様化する雇用の現状においても有効であるのかについても検討を試みた。本書の独自性は、第2章以降の実証研究部分での発見事実であるが、まず、論点の出発点となった第1章の先行研究のレビューから、その要約について述べる。

147

第1章では、（1）これまで帰属意識研究に多用されてきた組織コミットメントの理論と研究の問題点の指摘、（2）社会的アイデンティティ理論とはどのような理論なのかを整理し、組織アイデンティフィケーションに関する先行研究における問題点の指摘、（3）組織アイデンティフィケーションとの重複性が指摘される組織コミットメントとの理論的な相違点の明確化を目的として、先行研究のレビューが行われた。

　まず、組織コミットメントに関する先行研究のレビューが行われた。これまで帰属意識研究に用いられてきた概念である組織コミットメントは、忠誠心や帰属意識などの心理的な側面を含めて包括的に考察ができる有意義な概念である。しかしながら、組織コミットメントは情緒的コミットメント、存続的コミットメント、規範的コミットメントなどのアプローチ方法の異なる次元の概念をひとまとめにした複合的な概念として研究されてきた。そのため、組織コミットメントは概念の複雑化だけでなく、組織コミットメントの先行要因や、組織コミットメントが外的変数に及ぼす影響についても複雑化し、体系化した研究とはいいがたく、研究そのものが大きく混乱していることを指摘した。

　つぎに、組織アイデンティフィケーションに関する先行研究のレビューが行われた。まず、萌芽期の組織アイデンティフィケーション研究が組織コミットメントやジョブ・インボルブメント、職務満足感、離転職意向などの他概念との弁別性に乏しいことや、個人が同一視している対象は組織なのか組織内の他者なのかなど問題点が指摘された。これらの初期の研究では、組織アイデンティフィケーションという概念そのものが理論的にも未成熟であったため、組織コミットメントの下位概念に含まれるなど、組織アイデンティフィケーションという概念そのものの研究が不足していた。

　さらに、組織アイデンティフィケーション研究のアプローチ方法の一つである社会的アイデンティティ理論に着目し、なぜ、それらの理論が組織文脈において用いられるのかについて検討した。社会的アイデンティティ理論は狭義の社会的アイデンティティ理論と自己カテゴリー化理論によって構成される理論である。組織コミットメントが個人と組織との関係を中立的な立場

から検討しているのに対し、社会的アイデンティティ理論と自己カテゴリー化理論は、個人と集団との関係を自己概念の中の組織という観点から検討しており、これらの理論をアプローチ方法とした組織アイデンティフィケーションは、組織コミットメントと比較して組織の状況変化などの影響を受けにくく、個人と組織の本質的な関係を表す概念であると考えられた。そして、個人と組織の関係を表す帰属意識研究では、社会的交換理論に基づいた組織コミットメントよりも社会的アイデンティティ理論アプローチによる組織アイデンティフィケーション研究の方が、その概念の構成要素や規定因が理論的であり、なぜ人が組織のために働こうとするのかを説明する概念として適していると考えられた。

　一方で、組織アイデンティフィケーション研究が抱える課題として、1）帰属意識を表す類似した概念である組織コミットメントとは何がどのように相違しているのか、2）研究者によって相違する組織アイデンティフィケーションの概念は、個人の組織に対するどのような心理状態を表しているのか、3）組織アイデンティフィケーションがどのような要因によって獲得され、組織アイデンティフィケーションはどのような態度や行動に影響を及ぼすのかという3点があげられた。

　最後に、組織アイデンティフィケーションと組織コミットメントとは研究のアプローチ方法が異なっており、それぞれの概念の理論的な背景が異なっている。しかし、先行研究における実証に用いられた外的変数は役割外行動、離転職意向、ジョブ・インボルブメントなどの同じ変数であり、それらの変数に対してどちらもが適正な関係性を示している。こうした実証研究の結果を見る限り、組織アイデンティフィケーションと組織コミットメントとの弁別性の問題が払拭されていないことが指摘された。

　以上の課題を解明するために、第2章では組織アイデンティフィケーションとはどのような心理状態を表しているのか、また、組織アイデンティフィケーションはどのような要因によって形成されるのかについて、企業の従業員31名へのインタビューで得られたデータに基づいて質的記述的研究が行われた。研究参加者は組織成員としての意識が高く、組織の価値観を受容し

行動することで組織との一体感を感じていた。以上から、本書では"成員としての自己意識"と"組織価値の内在化"が相互に作用しながら形成される心理状態を組織アイデンティフィケーションとして捉えた。また、組織アイデンティフィケーションという心理状態は、"組織の肯定的なイメージ"からの影響を強く受けた概念であり、内集団が他の集団との区別を動機づける重要な要因であると考えられた。これらの結果から、個人と組織の関係に対する心的変化の過程は、組織のイメージに左右され、そのイメージを肯定的に捉えようとすることが原因となって、従業員は組織の一員であるという意識を高め、その社会的アイデンティティを獲得・維持しようとするために組織価値を内在化しようとすると結論づけられた。そして、研究参加者が社内でパフォーマンス水準が高いと評価されているという特性を踏まえ、本書の分析モデルとなる、"組織の肯定的なイメージ"→"組織アイデンティフィケーション"→"パフォーマンス"というモデルが導出された。

　つづく第3章では、先行研究で用いられた複数の組織アイデンティフィケーションに関する尺度間で外的変数との関係性に差異がみられ、組織アイデンティフィケーション尺度の検討の必要性があるため（Riketta, 2005）、先行研究に用いられた組織アイデンティフィケーション尺度および第2章の分析に用いられた逐語録を参考に組織アイデンティフィケーション尺度の開発が行われた。分析には1,899サンプルが用いられ、それらを無作為に2分割したサンプルA、サンプルBによって分析が行われた。サンプルAでは探索的因子分析を施すことによって、1因子6項目から構成される因子が抽出された。また、サンプルBでは、職務満足感、離転職意向、ジョブ・インボルブメントを外的変数として、その関係性から尺度の妥当性が検討された。それらの結果、この尺度は信頼性の観点から統計上の必要な水準を充たしており、また、外的変数との関係性から尺度の妥当性が確認されたため、次章以降の分析に用いることにした。

　組織アイデンティフィケーションが抱える問題は尺度の問題だけではない。第3章の尺度の妥当性の検証に用いた外的変数は組織コミットメントとの関係性も指摘されている変数でもあり、先行研究では、組織アイデンティ

フィケーションは組織コミットメントの類似概念であるとの指摘もある（Riketta, 2005; Edwards, 2005 など）。これらの問題について、第4章では、第3章で開発された組織アイデンティフィケーション尺度を用いて、組織コミットメントと組織アイデンティフィケーションの弁別性の検証が行われた。第4章では、組織アイデンティフィケーションとはどのような変数に影響を及ぼす概念なのかについて、組織アイデンティフィケーションと概念の類似性が指摘される組織コミットメントと対比をすることによって、双方の概念が持つ特徴の本質的な相違点が検討された。

両者との関係性が認められる職務行動や職務態度の関係について検討した結果、組織コミットメントは職務満足感や離転職意向との関係性は高い反面、文脈的パフォーマンスとの関係性は低いことが示された。一方、組織アイデンティフィケーションは職務満足感や離転職意向との関係性よりも、文脈的パフォーマンスとの関係性が高い概念であることが示され、組織成員の文脈的パフォーマンスを予測することに適した概念であると考えられた。以上のような結果から、組織アイデンティフィケーションと組織コミットメントは高い相関が認められるものの、職務満足感と文脈的パフォーマンスといったポジティブな結果に結びつく変数に対して効果は独立しており、双方の概念の弁別は可能であることが明らかにされた。

第2章の従業員のインタビューデータに基づいた定性研究において、組織の肯定的なイメージが組織アイデンティフィケーションに影響を及ぼすことが示されていた。第5章では、これらを実証するために、組織アイデンティフィケーションの先行要因に関する検討が行われた。分析には、1,698名のデータが用いられた。

まず、第1分析では、第2章の従業員のインタビューの逐語録から5項目を選択し、探索的に因子分析を行った結果、1因子3項目を抽出した。この因子は統計的な基準を充たしていたため、“組織の独自性”と命名し、以降の分析に用いらえた。

つづく第2分析では、組織アイデンティフィケーションの先行要因を明らかにするため、“組織の独自性”と、職務の特性、職場の人間関係、職場環境

など個人を取り巻く組織要因を独立変数とし、組織アイデンティフィケーションを従属変数とした重回帰分析が行われた。その際、従属変数に組織アイデンティフィケーションだけでなく組織コミットメントと職務満足感を加え、それらを比較することによって、組織アイデンティフィケーションの先行要因が検討された。その結果、組織の独自性は、職務満足感や組織コミットメントよりも組織アイデンティフィケーションに対して高い影響力を示し、また、組織アイデンティフィケーションを従属変数とした場合において、組織の独自性が他の要因よりも高い影響力があることが示された。以上の結果から、"組織の独自性"は他の組織要因よりも、組織アイデンティフィケーションに対して説明力の高い規定因であることが明らかとなった。

第6章では、第3章から第5章において発見された事実を本書の研究モデルに従って、複数企業の従業員のデータを用いた"組織の独自性"－"組織アイデンティフィケーション"－"文脈的パフォーマンス"の連鎖的モデルに関する検討が行われた。具体的には、小売流通業15社の企業従業員381名のサンプルデータを用い、組織の独自性が組織アイデンティフィケーションに与える効果および、組織の独自性によって影響を受けた組織アイデンティフィケーションが、従業員の文脈的パフォーマンスに与える効果が実証的に検討された。

分析モデルに従って共分散構造分析を施したところ、このモデルの適合度は統計的な基準を充たし、モデルの有効性が確認された。また、このモデルは、雇用形態が相違した従業員を対象としても成立することが確認され、モデルが普遍的なものである可能性が示唆された。

各章における研究の要約は以上のとおりであるが、本書において明らかとなった事実は、第2章以降の定性的研究および定量的研究において見いだされた結果ということになる。それらの主要な論点を以下に要約し、本書の結論としたい。

1）"自己認知"と"価値内在化"によって構成される組織アイデンティフィケーション

終章　結論と含意

　組織アイデンティフィケーションが"自己認知"と"価値内在化"によっ
て構成される概念であるという事実は、第2章の定性的研究において見いだ
された結論である。第1章の先行研究のレビューでは、組織アイデンティフ
ィケーションという概念の定義は、認知的なものであるということは一致し
ているものの、その他に含まれる要因は、評価的要素、情緒的要素、内在化
要素などの違いがみられ、これらが原因となって組織コミットメントとの類
似性の指摘につながっているとも考えられていた。まず、第2章における従
業員のインタビューデータでは、「その組織の従業員らしさ」を組織アイデン
ティフィケーションの一つのキーワードとして回答を求め、定性的な分析を
試みた。その結果、組織の肯定的なイメージを認知した個人は、組織成員と
しての意識を高めていた。さらに、組織成員のステレオタイプを見いだし、
自己も組織成員としてステレオタイプ化しようとすることで、組織成員とし
て自己を定義づけしようとしていた。また、組織成員として自己を定義づけ
しようとする者は、組織の価値観を受容しようとしていた。調査対象者の特
性を考慮した結果からは、これらの組織成員としての自己認知は、組織価値
の受容だけでなく、組織価値に沿った行動を促進すると考えられる。しかし、
逆に、組織価値を内在化し行動することで組織成員としての自己認知が促進
することも考えられ、組織成員としての自己認知と組織価値の内在化は、相
互に作用しながら組織アイデンティフィケーションという心理状態を導くと
考えられる。以上の結果を踏まえ、本書では、組織アイデンティフィケーシ
ョンを「組織価値の内在化を伴う組織成員としての認知による組織との絆の
強さ」と定義した。

2）組織アイデンティフィケーションと組織コミットメントは相違した概念であること

　組織アイデンティフィケーションと組織コミットメントは理論的には相
違した概念であると考えられるが、これまでの実証研究においては、双方の
概念が与える効果は類似しており、組織コミットメントと組織アイデンティ
フィケーションの相違が明確になっているわけではない。本書では、双方の

概念の相違を明らかにするため、双方の概念との関係性が認められる職務満足感、離転職意向、従業員の自発的な行動である文脈的パフォーマンスを取り上げ、それらとの相関関係および、双方の概念がそれぞれの変数に与える影響について検討した。その結果、組織アイデンティフィケーションと組織コミットメントは高い相関が認められるものの、職務満足感と文脈的パフォーマンスといったポジティブな結果に結びつく変数に対して効果は独立しており、双方の概念の弁別が可能であることが明らかになった。

このことから、双方の概念が職務満足感、離転職意向、文脈的パフォーマンスに及ぼす影響には違いがみられ、組織コミットメントは職務満足感や離転職意向との関係性は高い反面、文脈的パフォーマンスとの関係性は低いといえるであろう。一方、組織アイデンティフィケーションは職務満足感や離転職意向との関係性よりも、文脈的パフォーマンスとの関係性が高い概念であることが示され、組織成員の文脈的パフォーマンスを予測することに適した概念であるといえるであろう。

3）雇用形態が相違しても、組織アイデンティフィケーションモデルが成立すること

第2章における定性的研究において、他社との比較や外部の組織評価などに影響を受けた成員の組織の独自性の認識が、組織成員としての自己認知や組織価値の受容に多大な影響を及ぼすと考えられた。そして、研究参加者のパフォーマンス水準が高いという特徴を踏まえ、組織の独自性、組織アイデンティフィケーション、文脈的パフォーマンスには関連性があると考えられた。これらの関係性に着目し、第6章では共分散構造分析を用い検討したところ、それらの関係は成立することが明らかになった。

これらの結果は、まず、組織アイデンティフィケーションに影響を及ぼす要因は、内集団と外集団を区別することであり、我々は他社とは相違しているという認知が、組織の成員であるということを明確にするといえる。そして、組織に対する認知がポジティブな形で顕在化することで、組織を同一視する度合いが高まると考えられる。組織を同一視しているという心理状態は、

成員と組織とが同じ方向に歩むことであると理解でき、組織との一体感や運命共同体として組織を自己概念に位置づけようとする概念であるといえるであろう。そして、組織成員は肯定的な自己の社会的アイデンティティを維持するために、自らが属している組織をより良くしようとし、自発的に行動するといえる。これらのモデルが成立するためには組織に対する肯定的なイメージと組織成員であることから得ることができる自尊感情の高まりが重要である。両者には深い関係があり、自尊感情は組織アイデンティフィケーションの原動力であると考えられる。自尊感情は、自分自身が基本的に価値あるものだとする評価的な感情を含む認知である。そのような自己を価値ある存在として評価し信頼することによって、組織における行動は積極的かつ意欲的に行われ、さらに、それらの経験に満足し、達成感を得ることができると考えられる。

　また、組織の独自性が組織アイデンティフィケーションに与える効果、および、組織の独自性によって影響を受けた組織アイデンティフィケーションが、成員の文脈的パフォーマンスに与える影響は、雇用形態に関わらず成立することが確認された。これらの結果は、雇用形態に関わらず、成員は自らが属している組織の独自性を強く認知した時に組織に対する同一視が高まり、組織的な活動に自主的に参加し、同僚との協働意識や組織に対する貢献意欲を示すと解釈が可能である。前述のとおり、組織アイデンティフィケーションの原動力となっているのは自尊感情であるといえ、人間本来の存在価値の認知である自尊感情は、職位や地位に関わりなく生起すると考えられる。

　わが国の総労働者に占める非正規労働者の割合は4割を超えている（厚生労働省, 2015）。こうしたわが国の現状にも関わらず、パートタイマーに代表される非正規労働者の職務態度や職務行動に関する研究は多いとはいえない。これらの数少ないパートタイマーに関する職務満足感や組織コミットメントなどの研究では、職場の同僚や上司との人間関係や処遇・賃金、仕事そのものなどがパートタイマーの職務態度に影響を及ぼす要因であり、雇用形態の相違は職務態度や職務行動に影響を及ぼすと考えられている。しかし、これらの研究結果がすべて一致しているわけではない。本研究においては、組織

成員の組織の独自性に対する認知が組織アイデンティフィケーションに影響を及ぼし、その組織アイデンティフィケーションが文脈的パフォーマンスに影響を及ぼすというモデルは、雇用形態が相違しているといえども、同一組織の成員においては大きな差は生じなかった。

　この事実は、今後の帰属意識研究に大きなインパクトを与える研究結果であろう。組織アイデンティフィケーションは、成員の組織に対する帰属意識を測定することだけでなく、パフォーマンスを予測することに適した概念であり、今後の継続的な研究が望まれる。

2．本書の理論的貢献

　本書における調査研究は、組織行動論の帰属意識研究の一部である。しかし、これまで同種の研究で多用されてきた組織コミットメントという概念ではなく、社会的アイデンティティ理論を用い、これまで帰属意識研究では焦点が当てられてこなかった自己の中の組織という課題に取り組んだという点では組織アイデンティフィケーション研究だけでなく、組織行動論に新たな視点を提供するものである。それらを2つの点から述べておきたい。

1）組織行動論への貢献

　組織行動論は、組織内の人々の態度や行動を心理学、社会学、人類学、政治学などの知見をアプローチ方法として、組織の中の人々のさまざまな行動を説明し、なぜそのように行動するのかを予測し、統制することを体系的に捉えようとする研究分野である。組織行動論では、認知の重要性を指摘しながらも、組織内の個人の職務満足感や組織コミットメントが、組織における個人の行動に影響を及ぼす態度であるとして関心が寄せられてきた。態度とは、対象となる出来事や人に関する好ましいか、好ましくないかというような評価を表すものである。たとえば、「今の仕事が好きである」という時は、仕事に対する自分の態度を表明していることになる。しかし、態度と行動には直接的な関係はないか、わずかな関係に留まるというような結果もあり

終章　結論と含意

(Wicker, 1969)、態度と行動の関係は、基本的な価値観や自己利益、個人が重きを置く他者や集団との同一化を反映した重要な態度であれば、行動につながる傾向が強まると考えられている(Robbins, 2011)。

　本書の知見からは、組織に対する同一視は、対象とする組織の価値観と個人の価値観との関係を含んでおり、組織の中の人々のさまざまな行動を説明することが可能な重要な概念であるといえる。組織行動論に対する第1の理論的貢献は、これまで態度に重きが置かれていた組織行動論に、認知が組織の中の人々のさまざまな行動の説明、予測に適しているという視点を改めて提供したことにある。

2）組織アイデンティフィケーション研究への貢献

　組織アイデンティフィケーションの概念は、個人の認知的な組織との結びつきであるということでは一致しているものの、組織アイデンティフィケーションを構成するとされる認知的要素以外の要素については研究者によって違いがみられた。本書の組織アイデンティフィケーション研究に対する第1の理論的貢献は、組織成員へのインタビュー調査に基づいた質的な分析の結果から、組織アイデンティフィケーションが"成員としての自己意識"と"組織価値の内在化"が相互に作用しながら形成される概念であり、「組織成員の認知と価値の内在化を伴う組織との絆の強さ」であると再定義したことにある。

　つぎに、先行研究では、組織アイデンティフィケーションは認知的要素を中心として、内在化要素や情緒的要素など複数の要素によって構成される概念であると考えられていた。そして、それらの概念を基に検討された複数の尺度についても他の外的変数との関係性には違いがみられ、新たな組織アイデンティフィケーション尺度の検討が必要とされていた。本書の組織アイデンティフィケーション研究への第2の理論的貢献は、先行研究と組織成員のインタビュー調査を基に、組織アイデンティフィケーション尺度を開発したことにある。これまで、組織アイデンティフィケーション研究は欧米を中心に研究が進められてきたが、新たな尺度の開発が望まれていた。本書で開発

157

された尺度は組織で働く成員の実態が反映された尺度であり、多様化する雇用形態にも対応可能な尺度であるため、今後の活用が望まれる。

最後に、先行研究では、組織アイデンティフィケーションと組織コミットメントとは、個人と組織の関係を捉える視点や概念の背景となる理論的な相違があるといわれてきた。しかし、実証研究においては、組織コミットメントの結果変数として検討されている要因と、組織アイデンティフィケーションの結果変数として検討されている要因のほとんどが同じような概念が用いられており、組織コミットメントと組織アイデンティフィケーションの相違が明確になっているわけではなかった。組織アイデンティフィケーション研究に対する本書の第3の理論的貢献は、組織アイデンティフィケーションと組織コミットメントとは理論的にも実証的にも弁別が可能な概念であるという結果を提供したことにある。組織アイデンティフィケーションと組織コミットメントは共に職務行動との関連性が高い概念であるが、組織アイデンティフィケーションは職務満足感や離転職意向との関係性よりも、組織成員のパフォーマンスを予測することに適していることが示唆された。

3．本書の実践的インプリケーション

本書は、組織アイデンティフィケーションとはどのような心理状態であるのか、また組織アイデンティフィケーションはどのようなプロセスを経て獲得され、職務態度や職務行動にどのような影響を及ぼすのかについて検討したものである。そのため、学術的側面が強く、経営実務への実践的な貢献を主眼としているわけではない。しかし、本書の結果は、個人のモチベーションや組織の生産性の向上などに応用が可能であり、実践的含意も含まれていると考えられる。それらを2つの点から示しておきたい。

まず、第1の実践的な含意は、組織アイデンティフィケーションが組織の価値観に強く影響を受ける可能性が高い概念であるということである。これまで帰属意識研究に多用されてきた組織コミットメントと本書で取り上げている組織アイデンティフィケーションは、共に従業員のパフォーマンスに影

響を及ぼす概念であるため、組織経営にとって有効な概念であることには変わりはない。しかし、組織コミットメントは社会的交換理論に基づいて発展してきた概念であり、組織に対する態度であるとされる。すなわち、組織の施しに対する互恵的な要素が含まれていることは否めない。一方、組織アイデンティフィケーションは自らが所属する組織との価値観の類似性や価値に対する認識を基礎としている。そのため、この2つの概念の基礎となる考え方の相違は、組織が従業員をマネジメントする上での違いを生じさせる。本書の第2章における質的研究では、発言の多くに組織の価値観である理念や規範という言葉が数多くみられた。これらの発言は、組織の価値観と深く関係していることが指摘される。

　また、第6章で検討された15の企業に共通していることは、第1に、これらの企業が地域に根差した企業であり、それぞれの企業が地域活動にも貢献し、地域に受け入れられていることである。そうした地域に密着した企業活動は、大企業にはないその地域に密着した独自性の高いものであることが外部から評価され、また従業員も独自性の高い企業であると認知している可能性がある。第2は、これらの企業が企業理念や行動規範など、名称は違うものの組織の価値観を表す経営理念を掲げ、それらに沿った経営を行おうとしていることである。多くの企業が、社員のみならず、パートタイマーに至るまで経営理念を浸透させるため、さまざまな取り組みを行っているといわれている。また、社内教育や個人の評価もこれらの理念に基づいた教育方針や評価基準によって遂行されている。これらの企業の共通点をみる限り、経営理念という組織の価値観は、組織成員と組織との関係性に重要な意味を持つと考えられる。

　経営理念の機能には、社会適応機能と企業統合機能がある。社会適応機能とは、1）企業の存在意義や事業姿勢を企業内外に示すこと、2）将来への経営ビジョンを明らかにし、展望をもたらすことであるとされる。一方の企業統合機能は、3）経営目的や具体的指針を示し、従業員全体の一体化をもたらそうとすることであり、組織文化の良質化、従業員の動機づけ、行動規範などに関する機能であるため、組織の従業員の働き方に影響を及ぼすとされる

(久保・広田・宮島, 2005)。こうした経営理念の機能を前提とした場合、本書で検討した3つの概念は、すべて組織の価値観に影響を受けたものであると考えることができ、改めて経営理念の重要性が指摘される。

　第2の実践的な含意は、正規労働者であろうがパートタイマーであろうが、雇用形態に関わらず、いずれの成員も自らが属している組織が他の集団とは相違した独自の集団であることを認知することによって組織アイデンティフィケーションを獲得する。そして、組織アイデンティフィケーションを獲得した組織成員は組織の価値や目的に沿った行動を自発的にとることである。この本研究の結果から、組織を同一視している状態では、雇用形態や賃金などの処遇や同僚や上司との人間関係などの影響を受けにくいと考えることができ、組織アイデンティフィケーションは個人と組織との関係を検討する上で有益な考え方であるといえよう。調査対象とした小売流通業で働くパートタイマーが全労働者に占める割合は7割から8割であるとされる。それらのパートタイマーのほとんどは、配偶者控除など税制の恩恵を受けることができる範囲で働こうとする主婦層である。本書の結果からは、これらのパートタイマーは賃金などの低次の欲求を満たそうとするだけでなく、社会的欲求や自尊欲求を求めているといえるのではないだろうか。つまり、一定の子育て期間を終えた主婦が家庭と仕事を両立した上で社会的接点を求めるには、パートタイマーという働き方は参入が容易である。そして、彼らはそのコミュニティの中で、組織成員としての自らの行動が他者から評価されることによって組織の成員性を高め、組織価値を内在化していくのだと考えられる。むしろ、こうした身分の違いについて納得した上での個人と組織の結びつきは、正社員よりも強い可能性も推測される。

　これまで、一般的にパートタイマーの組織に対する帰属意識は低いと考えられ、企業では正規労働者とは相違した価値観を持つパートタイマーを戦力化するために、パートタイマー特有の処遇や職務内容などが議論されてきた。勿論、それらが人材マネジメント上必要であることは疑う余地はない。しかし、本書の結果からは、むしろそうした正規労働者・パートタイマーという区別が双方の差異を強調し、同じカテゴリーにある従業員の意識の中に、正

終章　結論と含意

規労働者とパートタイマーという別カテゴリー化がなされる可能性もある。本書で得られた知見からは、雇用の多様化が進む組織のマネジメントは、自社には他社とは相違した独自性があることを内部だけでなく外部に対しても有効な形で提示した上で、雇用形態の相違する従業員を同一カテゴリーの成員であることを意識させるようなマネジメントが必要であり、それが成員の自発的な行動を促進させる可能性もあるといえるであろう。

４．今後の研究課題

　本書では、個人の組織に対する帰属意識を自己の側面から検討するために、社会的アイデンティティ理論アプローチによる組織アイデンティフィケーションという概念に着目した。そして、文献研究、組織の実態に即したインタビュー調査、複数の企業の従業員に対する質問票によるサーベイ調査を通じて、組織アイデンティフィケーションという概念がどのような概念であり、どのような要因から影響を受け、どのような要因に影響を及ぼすのかについて分析と考察を重ねてきた。しかし、本書で示された結論は、この研究課題について端緒を付けたに過ぎない。本書で導出された理論をより洗練、一般化するための継続的な研究蓄積が求められる。

　経済環境が変化する現代社会において、個人と組織の関係は自己の側面からも検討される必要があり、「個人が組織をどのように捉えているのか」という課題が、現代の企業にとって重要なテーマとなることに間違いはない。本書が提示した理論が、何らかの示唆を与えることを期待する。同時に、継続的な研究蓄積による、理論の構築が今後に求められる課題であろう。最後に、組織アイデンティフィケーションに関する今後の研究課題を具体的に提示しておきたい。

　まず、組織アイデンティフィケーションの水準や組織アイデンティフィケーションの理論モデルが、年齢や勤続年数、性別や学歴などデモグラフィック変数の影響を受ける可能性についてである。たとえば、平成 19 年度版国民生活白書（内閣府，2007）では、職場に対する貢献意欲が 20 代では 21.8%

であったが、60代では72.9%であることが示されており、年代によって組織アイデンティフィケーションにも水準差があることが予想される。また、組織コミットメント研究においても、年齢や勤続年数の増加と共に組織コミットメントの水準が高まるという報告もされている。こうした個人と組織との関係が年齢や勤続年数の経過と共に変化していくデータや先行研究を見る限り、組織アイデンティフィケーションがデモグラフィック変数によって影響を受ける概念であるとも考えられる。これらのデモグラフィック変数と組織アイデンティフィケーションとの関係は、本書の直接的な課題としては取り上げなかったが、組織アイデンティフィケーションのメカニズムを探求していく上で検討する必要があろう。

つぎに、本書で得られたいくつかの知見を他のケースによって検証することが必要である。本書のモデルは、小売流通業の従業員をサンプルとしたものである。そのため、一般化するには、業種的な偏りがあることが懸念される。すなわち、小売流通業では組織アイデンティフィケーションに関するモデルの有効性は確認されたが、専門性の高い医療分野などでは職業的アイデンティティが優先されることも考えられ、他の業種ではモデルは相違している可能性もある。今後は、業種などを拡大し調査を継続することが必要であり、調査を蓄積することで、何らかの相違点や共通性を探ることができると考えられる。

最後に、国際的な研究が求められることである。本書の調査は日本企業を対象に行われたものであるが、文化的な一般性については全く触れられていない。今後は、日本の組織から導出された理論を基に、国際的な比較調査を通じて理論の文化普遍性と特殊性を確認する必要があると考えられる。

引用文献

Abrams, D., Ando, K., & Hinkle, S. (1998). Psychological attachment to the group: cross-cultural differences in organizational identification and subjective norms as predictors of workers' turnover intentions. *Personality and Social Psychology Bulletin*, 24, 1027-1039.

Allen, N. J. & Meyer, J. P. (1990). The Measurement and Antecedents of Affective, Continuance, and Normative Commitment to the Organization. *Journal of Occupational Psychology*, 63, 1-18.

Angle, H.L. & Lawson, M.B. (1994). Organizational commitment and employees' performance ratings: both type of commitment and type of performance count. *Psychol Rep*. 75, 1539-51.

Aranya, N., Kushnir, T., & Valency, A. (1986). Organizational commitment in a male dominated profession. *Human Relations*, 39, 433-448.

Ashforth, B. E. & Mael, F. A. (1989). Social identity theory and the organization. *Academy of Management Review*, 14 (1), 20-39.

Ashforth, B. E. & Saks, A. M. (1996). Socialization tactics: Longitudinal effects on newcomer adjustment. *Academy of Management Journal*, 39, 149-178.

Bashaw, R.E. & Grant, E.S. (1994). Exploring the distinctive nature of work commitments: Their relationships with personal characteristics, job performance, and propensity to leave. *Journal of Personal Selling & Sales Management*, 14(2), 1-16.

Becker , H.S. (1960). Notes of concept of commitment. *Am J Sociol*, 66, 32-42.

Bergami, M. & Bagozzi, R. P. (1996). Organizational identification: conceptualization measurement and nomological validity. *Working Paper*, 9608-10, University of Michigan Business School.

Borman, W. C. & Motowidlo, S. J. (1993). Expanding the criterion domain to include elements of contextual performance. ln N. Schmitt, W. C. Borman, & Associates Eds., *Personnel selection in organizations*, San Fran-cisco: Jossey-Bass, 71-98.

Brief, A. P. & Motowidlo, S. J. (1986). Prosocial organizational behavior. *Academy of Management Review*, 11, 710-725.

Brown, M. E. (1969). Identification and some conditions of organizational involvement. *Administrative Science Quarterly*, 14, 346-355.

Brown, S.P. (1996). A meta-analysis and review of organizational research on job involvement. *Psychological Bulletin* 120 (2), 235-255.

Brown, R., Condor, S., Matthews, A., Wade, G., & Williams, J. (1986). Explaining intergroup differentiation in an industrial organization. *Journal of Occupational Psychology*. 59, 273-286.

Bycio, P., Hackett, R. D., & Allen, J. S. (1995). Further assessment of Bass, Conceptualization of transactional and transformational leadership, *Journal of Applied Psychology*, 80, 468-478.

Cheney, G. (1983). On the various and changing meanings of organizational membership: A field study of organizational identification. *Communication Monographs*, 50, 343-362.

Cohen, J. (1990). Things I have learned (so far). *American Psychologist*, 45, 1304-1312.

van Dick, R. (2001). Identification in organizational contexts: linking theory and research from social and organization psychology. International *Journal of Management Reviews*, 3 (4), 265-283.

van Dick, R. (2004). My job is my castle: identification in organizational contexts. International *Review of Industrial and Organizational Psychology*, 19, 171-203.

van Dick, R., Christ, O., Stellmacher, J., Wagner, U., Ahlswede, O., Grubba, C., Hauptmeier, M., Hohfeld, C., Moltzen, K., & Tissington, P. (2004). Should I Stay or Should I Go? Explaining Turnover Intentions with Organizational Identification and Job Satisfaction, *British Journal of Management*, Vol. 15, No. 4, pp. 351-360.

van Dick, R., Grojean, M., Christ, O., & Wieseke, J. (2006). Identity and the Extra Mile: Relationships between Organizational Identification and Organizational Citizenship Behaviour. *British Journal of Management*, 17, 283-301.

van Dick, R., van Knippenberg, D., Kerschreiter, R., Hertel, G. and Wieseke, J. (2008). "Interactive effects of work group and organizational identification on job satisfaction and extra-role behavior", *Journal of Vocational Behavior*, Vol. 72 No. 3, pp. 388-99.

van Dick, R., Wagner, U., Stellmacher, J., & Christ, O. (2004). The utility of a broader conceptualisation of organizational identification: which aspects really matter?. *Journal of Occupational and Organizational Psychology*, 77, 171-191.

Dubin, R. (1956). Industrial workers worlds: A study of the central life interest of industrial workers. *Social Problems*, 3, 131-142.

Dukerich, J. M., Golden, B. R., & Shortell, S. M. (2002). Beauty Is in the Eye of the Beholder: The Impact of Organizational Identification, Identity, and Image on the Cooperative Behaviors of Physicians. *Administrative Science Quarterly*. 47, (3) 507-533.

Dutton, J. E., Dukerich, J. M., & Harquail, C.V. (1994). Organizational images and member identification. *Administration Science Quarterly*, 39, 239-263.

Dutton, J. E. & Dukerich, J. M. (1991). Keeping an eye on the mirror: The role of image and identity on organizational adaptation. *Academy of Management Journal*, 34, 517-554.

van Dyne, L., Cummings, L. L., & Parks, J. M. (1995). Extra-role behaviors: In pursuit of construct and definitional clarity (a bridge over muddied waters). In L. L. Cummings & B. W. Staw (Eds.), *Research in Organizational Behavior*, Vol. 17, Greenwich, CT: JAI Press, 215-285.

Edwards, M. R. (2005). Organizational identification: A conceptual and Operational review. *International Journal of Management Reviews*, 7 (4), 207-230.

Edwards, M. R. & Peccei, R. (2007). Organizational identification: Development and testing of a conceptually grounded measure. *European Journal of Work and Organizational Psychology*, 16 (1), 25-57.

Efraty, D., Sirgy, M.J., & Claiborne, C.B. (1991). The effects of personal alienation on organizational identification: a quality of work life model. *Journal of Business and Psychology*, 6 (1), 57-78.

Erikson, E. H. (1959). *Identity and the life cycle*. New York: W. W. Norton. (小此木啓吾訳編, 自我同一性－アイデンティティとライフ・サイクル, 誠信書房, 1973)

Festinger, L.A. (1957). *A theory of cognitive dissonance*. Stanford (CA): Stanford University Press.

Foot, N.N. (1951). Identification as the basis for a theory of motivation. *American Sociological Review*, 26, 14-21.

Fuller, J. B., Marler, L., Hester, K., Frey, L., & Relyea, C. (2006). Construed External Image and Organizational Identification: A Test of the Moderating Influence of Need for Self-Esteem. *The Journal of Social Psychology*, 146 (6), 701-716.

Gautam, T., van Dick, R., & Wagner, U. (2004). Organizational identification and organizational commitment: Distinct aspects of two related concepts. *Asian Journal of Social Psychology*, 7, 301-315.

George, J. M. & Brief, A. P. (1992). Feeling good-doing good: A conceptual analysis of the mood at work-organizational spontaneity relationship. *Psychological Bulletin*, 112, 310-329.

グレッグ美鈴・麻原きよみ・横山美江(2007). よくわかる質的研究の進め方・まとめ方：看護研究のエキスパートをめざして　医歯薬出版株式会社

Hall, D. T., Schneider, B., & Nygren, H. T. (1970). Personal factors in organizational identification. *Administrative Science Quarterly*, 15, 176-190.

咸惠善 (1991). パートタイマーの組織コミットメントに関する実証分析　経営行動科学, 第6巻, 第1号.

Harquail, C. V. (1998). Organizational identification and the 'whole person': integrating affect, behavior, and cognition. In Whetten, D.A. and Godfrey, P.C., *Identity in Organizations: Building Theory Through Conversations*. London: Sage, 223-231.

Haslam, S. A. (2004). *Psychology in Organizations: The Social Identity Approach*. Sage, London.

林伸二 (2000). 組織心理学, 白桃書房

Hogg, M. A. & Abrams, D. (1988). *Social identifications: A social psychology of intergroup relations and group processes*. London and New York: Routledge. (吉森 護・野村泰代 (訳)(1995). 社会的アイデンティティ理論 北大路書房)

Hogg, M. A. & Terry, D. J. (2000). Social identity and self-categorization processes in organizational contexts. *Academy of Management Review*, 25, 121-140.

池上知子・遠藤由美 (2005). 自己認知, グラフィック社会心理学 サイエンス社, 102-105.

池田浩・古川久敬 (2008). 組織における文脈的パフォーマンスの理論的拡張と新しい尺度の開発 産業・組織心理学研究, 第 22 巻, 第 1 号, 15-26.

柿本敏克 (2001). 社会的アイデンティティ理論 社会的認知ハンドブック 北大路書房, 120-123.

Katrinli, A., Atabay, G., Gunay G., & Gunerri B. (2008). Leader–member exchange, organizational identification and the mediating role of job involvement for nurses. *Journal of Advanced Nursing* 64(4), 354-362.

Katz, D., & Kahn, R.L. (1978). *The social psychology of organizations*. New York: Wiley.

Kelman, H. C. (1958). Compliance, identification, and internalization: three processes of attitude change. *Journal of Conflict Resolution*, 2, 51-60.

van Knippenberg, D. (2000). Work Motivation and Performance: A Social Identity Perspective. *Applied Psychology: An International Review*, 49 (3), 357-371.

van Knippenberg, D. & Sleebos, E. (2006). Organizational identification versus organizational commitment: Self-definition, social exchange, and job attitudes. *Journal of organizational behavior*, 27, 571-584.

van Knippenberg, D. & van Schie, E. C. M. (2000). Foci and correlates of organizational identification. *Journal of Occupational and Organizational Psychology*, 73, 137-147.

今野浩一郎・佐藤博樹 (2009). マネジメント・テキスト人事管理入門第2版　日本経済新聞社, 35-36.

Konovsky, M. A., & Cropanzano, R. (1991). Perceived Fairness of Employee Drug Testing as a Predictor of Employee Attitudes and Job Performance. *Journal of Applied Psychology*, 76, 698-707.

小塩真司 (2004). SPSS と Amos による心理・調査データ解析―因子分析・共分散構造分析まで　東京図書

厚生労働省 (2011a). 平成23年版厚生労働白書　社会保障の検証と展望　日経印刷..

厚生労働省 (2015). 平成26年就業形態の多様化に関する総合実態調査　厚生労働省大臣官房統計情報部雇用・福祉統計課

久保克行・広田真一・宮島英明 (2005). 日本企業のコントロールメカニズム：経営理念の役割　季刊理念企業と法創造, 1 (4), 133-124.

Lee, S. M. (1969). Organizational identification of scientists. *Academy of Management Journal*, 12, 327-337.

Lee, S. M. (1971). An empirical analysis of organizational identification. *Academy of Management Journal*, 14, 213-226.

Lodahl, T. M. & Kejner, M. (1965) The definition and measurement of job involvement. *Journal of Applied Psychology,* 49(1), 24-33.

Matheiu, J. E. & Zajac, D. (1990). A review and meta-analysis of the antecedents, correlates, and consequences of organizational commitment. *Psychological Bulletin,* 108, 171-194.

引用文献

Meal, F.A. & Ashforth, B.E. (1992). Alumni and their alma mater: A partial test of the reformulated model of organizational identification. *Journal of Organizational Behavior*, 13, 103-123.

Meal, F. A. & Tetrick, L. E. (1992). Identifying organizational identification. *Educational and Psychological Measurement*, 52, 813-824.

Meyer, J. & Allen, N. (1991). A three component conceptualization of organizational commitment. *Human Resource Management Review*, 1, 61-89.

Meyer, J., Allen, N., & Smith C. A. (1993). Commitment to organizations and occupations: extension and test of a three-component conceptualization. *Journal of Applied Psychology*, 78, 538-551.

Meyer, J. P., Paunonen, S. V., Gellatly, I. R., Goffin, R. D., & Jackson, D. N. (1989). Organizational commitment and job performance: it's the nature of commitment that counts. *Journal of Applied Psychology*, 74, 152-156.

Meyer, J. P., Stanley, D. J., Herscovitch, L., & Topolnytsky, L. (2002). Affective, continuance and normative commitment to the organization: A meta-analysis of antecedents, correlates and consequences. *Journal of Vocational Behavior*, 62, 20-52.

Miles, M.B. & Huberman, A.M. (1994). *Qualitative Date Analysis. An Expanded Sourcebook*, 10-12, Sage Publications, Thousand Oaks, CA.

Moorman, R. H., Niehoff, B. P. & Organ, D. W. (1993). Treating employees fairly and organizational citizenship behaviors: Sorting the effects of job satisfaction, organizational commitment, and procedural justice, *Employee Responsibilities and Rights Journal*, 6, 209-225.

Morrison, E. W. (1994). Role definitions and organizational citizenship behavior: The importance of the employee's perspective. *Academy of Management Journal*, 37, 1543-1567.

Motowidlo, S. J. (2000). Some Basic Issues Related to Contextual Performance and Organizational Citizenship Behavior in Human Resource Management. *Human Resource Management Review*, 10 (1) 115-126.

Mowday, R., Steers, R., & Porter, L. (1979). The measurement of organizational commitment. *Journal of Vocational Behavior*, 14, 224-247.

内閣府 (2007). 平成 19 年版国民生活白書 －つながりが築く豊かな国民生活－ 時事画報社

西脇暢子 (1998). コミットメント研究の課題と展望 産業・組織心理学研究, 11 (1), 55-59.

日本労働研究機構 (1993). 集団帰属意識の変化と職業生活 調査研究報告書, No.104.

日本労働研究機構 (2003). 組織の診断と活性化のための基盤尺度の研究開発：HRM チェックリストの開発と利用・活用 調査研究報告書 No.161.

O'Reilly, C. & Chatman, J. (1986). Organizational commitment and psychological attachment: the effects of compliance, identification, and internalization on proposal behavior. *Journal of Appling Psychology*, 71 (3), 492-499.

Organ, D.W. (1988). *Organizational citizenship behavior: The good soldier syndrome*. Lexington: Lexington Books.

Ouwerkerk, J. W., Ellemers, N., & de Gilder, D. (1999). *Social identification, affective commitment and individual effort on behalf of the group*. In: N. Ellemers, R. Spears and B. J. Doosje (eds), Social Identity: Context, Commitment, Content, 184-204. Oxford: Blackwell.

Pearce, J. L. (1993). Toward an Organizational Behavior of Contract Laborers: Their Psychological Involvement and Effects on Employee Co-Workers. *The Academy of Management Journal*, 36, (5), 1082-1096.

Podsakoff, P. M. & MacKenzie, S. B. (1997). Impact of organizational citizenship behavior on organizational performance: A review and suggestions for future research. *Human Performance*, 10, 133-151.

Podsakoff, P.M. & Organ, D.W. (1986). Self-reports in organizational research: problems and prospects. *Journal of Management*, 12, 531-544.

Patchen, M. (1970). *Participation, Achievement and Involvement in the Job*. Englewood Clifs, NJ: Prentice Hall.

Porter, L. W. , Steers, R. M. , Mowday, R. T., & Boulian, P. V. (1974). Organizational Commitment, Job Satisfaction, and Turnover among Psychiatric Technicians. *Journal of Applied Psychology*, 59, 603-609.

Pratt, M. G. (1998). *To be or not to be? Central questions in organizational identification. Identity in Organizations: Building Theory Through Conversations.* London: Sage, 171-207.

Randall, D. M., Fedor, D. B., & Longenecker, C. O. (1990). The Behavioral Expression of Organizational Commitment. *Journal of Vocational Behavior*, 36, 210-224.

Reichers, A. E. (1985). A Review and Reconceptualization of Organizational Commitment. *The Academy of Management Review*, 10, (3), 465-476.

Riketta, M. (2005). Organizational identification; a meta-analysis. *Journal of Vocational Behavior*, 66, 358-384.

Riketta, M. & van Dick, R. (2005). Foci of attachment in organizations: A meta-analytic comparison of the strength and correlates of workgroup versus organizational identification and commitment, *Journal of Vocational Behavior*, 67, 490-510.

Rousseau, D. M. (1998). Why workers still identify with organizations. *Journal of Organizational Behavior*, 19, 217-233.

Robbins, S.P. (2005). Essentials of Organizational Behavior, 8th edition. Prentice Hall. (高木晴夫訳, 新版　組織行動のマネジメント－入門から実践へ, ダイヤモンド社, 2011)

Saks, A. M. (1995). Longitudinal field investigation of the moderating and mediating effects of self-efficacy on the relationship between training and newcomer adjustment. *Journal of Applied Psychology*, 80, 211-225.

西條剛央 (2005). 質的研究論文執筆の一般技法：関心相関的構成法　質的心理学研究. 第4号.

van Scotter, J. R. (2000). Relationships of Task Performance and Contextual Performance with Turnover, Job Satisfaction, and Affective Commitment. *Human Resource Management Review*, 10 (1), 79-95.

Schneider, B., Hall, D. T., & Nygren, H. T. (1971). Self image and job characteristics as correlates of changing organizational identification. *Human Relations*, 24, 397-416.

関本昌秀・花田光世 (1985). 11 社 4539 名の調査分析にもとづく帰属意識の研究(上) ダイヤモンド・ハーバード・ビジネス, 10, 84-96.

Shamir, B. & Kark, R. (2004). A single-item graphic scale for the measurement of organizational identification, *Journal of Occupational Psychology*, vol. 77, 115-124.

Shore, L. M. & Martin, H. J. (1989). Job satisfaction and organizational commitment in relation to work performance and turnover intentions. *Human Relations*, 42, 625-638.

Shore, L. M. & Wayne, S. J. (1993). Commitment and employee behavior: Comparison of affective commitment and continuance commitment with perceived organizational support. *Journal of Applied Psychology*, 78, 774-780.

Simon, H. A., Smithburg, D. W., & Thompson, V. A. (1950). *Public Administration*. New York: Alfred A. Knopf.

Steers, R. M. & Porter, L. W. (1983). *Motivation and work behavior*, (3rd eds.). New York: McGraw-Hill.

鈴木竜太 (2002). 組織と個人－キャリアの発達と組織コミットメントの変化　白桃書房

Tajfel, H. (1972). *Experiments in a vacuum, The Context of Social Psychology.* London: Academic Press.

Tajfel, H. (1978). *Differentiation between Social Groups: Studies in the Social Psychology of Inter-Group Relations.* London: Academic Press.

Tajfel, H. (1981). *Human groups and social categories: Studies in social psychology.* Cambridge: Cambridge University Press.

Tajfel, H., Billig, M., Bundy, R., & Flament, C. (1971). Social categorization and intergroup behavior. *European Journal of Social Psychology*, 1, 149-178.

Tajfel, H. & Turner, J. C. (1979). *An integrative theory of social conflict, The Social Psychology of Inter-Group Relations, 2nd edition.* Chicago: Nelson-Hall.

Tajfel, H. & Turner, J. C. (1986). *The social identity theory of intergroup behavior, The psychology of intergroup relations*, Chicago: Nelson-Hall.

高木浩人 (2003). 組織の心理的側面：組織コミットメントの探求　白桃書房

高木浩人・石田正浩・益田圭 (1997). 会社人間の研究－組織コミットメントの理論と実際,会社人間をめぐる要因構造　田尾雅夫(編著)　京都大学学術出版会, 第7章, 265-296.

田尾雅夫 (1998). 会社人間はどこへ行く－逆風下の日本的経営のなかで　中公新書

田中堅一郎 (2003). 文脈的業績に関する心理学的研究の展望　日本大学大学院総合社会情報研究科紀要, No. 4, 239-245.

豊田秀樹 (1992). SAS による共分散構造分析　東京大学出版

Turner, J.C. (1991). *Social influence.* Pacific Grove, CA: Brooks / Cole.

Turner, J. C., Hogg, M. A., Oakes, P. J., Reicher, S. D., & Wetherell, M. S. (1987). *Re-discovering the social group: A self-categorization theory.* Oxford, UK: Blackwell.

Tyler, T. R. & Blader, S. L. (2000). *Cooperation in groups: Procedural justice, social identity, and behavioral engagement.* New York: Psychology Press.

Wagner, U. & Ward, P. L. (1993). Variation of outgroup presence and evaluation of the in-group. *British Journal of Social Psychology*, 32, 241-251.

Wan-Huggins, V. N., Riordan, C.M., & Grifferh, R.W. (1998). The development and longitudinal test of a model of organizational identification. *Journal of Applied Social Psychology*, 28 (8), 724-749.

Wicker, A.W. (1969). Attitude versus action: The relationship of verbal overt behavioral responses to attitude objects, *Journal of Social Issue*, 41-78.

Wiener, Y. (1982). Commitment in organization: A normative view. *Academy of Management Review*, 7, 418-428.

山本嘉一郎・小野寺孝義 (2002). Amos による共分散構造分析と解析事例第2版　ナカニシヤ出版

謝辞

　この本は私の学位論文を基に出版されたものであり、この研究にあたっては広島大学社会科学研究科マネジメント専攻の教員の方々にご支援とご指導をいただきました。

　十数年前のこと、学術研究とはどのようなものなのか、まったく知らない世界に迷い込んだ社会人大学院生だった私が、今こうして出版をすることができましたのは、東洋大学社会学部社会心理学科の戸梶亜紀彦教授のご指導があったからこそと、深く感謝しています。

　この研究に取り組むことになるきっかけは冒頭に紹介したとおりですが、それらを研究という形へと導いてくださった広島大学社会科学研究科マネジメント専攻の原口恭彦教授には感謝の念に堪えません。

　本研究におけるインタビュー調査、質問紙調査の実施については、株式会社シジシージャパン加盟の各法人の方々にご協力をいただきました。また、各企業の人事担当者の方々からは貴重かつ有益なご意見をいただきました。誠にありがとうございました。

　最後に、ここに至るまで私を温かく見守ってくれた妻・律子と子供たち、そして母、今はなき父に感謝の意を表します。

2017 年 2 月

小玉　一樹

〔著者略歴〕

小玉一樹（こだま　かずき）

1958 年　広島市生まれ
1981 年　法政大学経営学部経営学科卒業
2012 年　広島大学大学院社会科学研究科マネジメント専攻博士課程後期修了
　　　　博士（マネジメント）
現在　　福山平成大学経営学部経営学科教授
専門　　組織行動論、人的資源管理論

主要論文

　経営理念と従業員のパフォーマンスの関連性．日本経営診断学会論集 12，
　　99-104，2012.

　従業員が能力発揮できる職場づくりについて：組織内の問題解決のためのメン
　　タルヘルス対策取組事例．産業カウンセリング研究, 14(1), 18-29, 2012.
　　（産業カウンセリング学会　平成 24 年度実践賞受賞論文）

JCOPY 〈(社)出版者著作権管理機構 委託出版物〉

本書の無断複写(電子化を含む)は著作権法上での例外を除き禁じられて
います。本書をコピーされる場合は、そのつど事前に(社)出版者著作権管
理機構(電話 03-3513-6969、FAX 03-3513-6979、e-mail: info@jcopy.or.jp)
の許諾を得てください。
また本書を代行業者等の第三者に依頼してスキャンやデジタル化するこ
とは、たとえ個人や家庭内での利用であっても著作権法上認められてお
りません。

組織アイデンティフィケーションの研究

2017 年 2 月 25 日　初版発行

著　　者　　小玉　一樹

発　　行　　ふくろう出版
　　　　　　〒700-0035　岡山市北区高柳西町 1-23
　　　　　　　　　　　　友野印刷ビル
　　　　　　TEL：086-255-2181
　　　　　　FAX：086-255-6324
　　　　　　http://www.296.jp
　　　　　　e-mail：info@296.jp
　　　　　　振替　01310-8-95147

印刷・製本　　友野印刷株式会社
ISBN978-4-86186-685-2 C3034　ⓒKazuki Kodama 2017

定価はカバーに表示してあります。乱丁・落丁はお取り替えいたします。